SCIENCE ET RELIGION
Études pour le temps présent

LES GRANDS ORDRES RELIGIEUX

LES FRÈRES PRÊCHEURS

PAR

LE R. P. FR. HENRI-MARIE IWEINS, O. P.

Avec préface par le R. P. Ollivier, du même Ordre

Deuxième édition

PARIS
LIBRAIRIE BLOUD ET Cie
4, RUE MADAME, ET RUE DE RENNES, 59

COLLECTION
" LA PENSÉE CHRÉTIENNE "
TEXTES ET ÉTUDES

GRANDS IN-16 A PRIX VARIÉS.

Bonald, par Paul Bourget, *de l'Académie Française*, et Michel Salomon, 1 vol. : **3** fr. **50** ; *franco* : **4** francs.

Saint Irénée, par Albert Dufourcq, professeur à l'Université de Bordeaux, docteur ès lettres, 1 vol. : **3** fr. **50** ; *franco* : **4** francs.

Tertullien, par l'abbé J. Turmel, 1 volume : **3** fr. **50** ; *franco* : **4** francs.

Saint Jean Damascène, par V. Ermoni, professeur au Scolasticat des Lazaristes, 1 volume : **3** francs ; *franco* : **3** fr. **50**.

Saint Bernard, par E. Vacandard, aumônier au Lycée de Rouen, 1 volume : **3** francs ; *franco* : **3** fr. **50**.

Newman, *le développement du dogme chrétien*, par l'abbé Henri Brémond, 1 volume : **3** francs ; *franco* : **3** fr. **50**.

Epîtres de saint Paul, *traduction et commentaire*, par A. Lemonnyer, O. P., professeur d'écriture sainte. 1re partie : *Lettres aux Thessaloniciens, aux Galates, aux Corinthiens et aux Romains*, 1 volume : **3** fr. **50** ; *franco* : **4** francs. La deuxième partie en préparation paraîtra prochainement.

Evangile selon saint Matthieu, *traduction et commentaire*, cartes et plans, par V. Rose, O. P., professeur à l'Université de Fribourg, 1 volume : **2** fr. **50** ; *franco* : **2** fr. **75**.

Du même auteur : **Evangile selon saint Marc**, *traduction et commentaire*, cartes et plans, 1 volume : **2** fr. **50** ; *franco* : **2** fr. **75**.

Du même auteur : **Evangile selon saint Luc**, *traduction et commentaire*, cartes et plans, 1 volume : **2** fr. **50** ; *franco* : **2** fr. **75**.

Epîtres catholiques. Apocalypse, *traduction et commentaire*, 1 volume : **3** francs ; *franco* : **3** fr. **50**.

Actes des Apôtres, *traduction et commentaire*, par V. Rose, O. P., professeur à l'Université de Fribourg, 1 volume : **3** fr. **50** ; *franco* : **4** francs.

Imp. des Orph.-Appr. d'Auteuil, F. Blétit, 40, rue La Fontaine, Paris

SCIENCE ET RELIGION
Études pour le temps présent

LES GRANDS ORDRES RELIGIEUX

LES FRÈRES PRÊCHEURS

PAR

LE R. P. FR. HENRI-MARIE IWEINS, O. P.

Avec préface par le R. P. Ollivier, du même Ordre.

PARIS
LIBRAIRIE BLOUD ET Cie
4, RUE MADAME ET RUE DE RENNES, 59

DANS LA MÊME COLLECTION

BESSE (P. dom). — 160. *D'où viennent les Moines ? Etude historique*. 2e édition . . . . 1 vol.

— 228. *Les Grands Ordres Religieux : Les Bénédictins*. 2e édition . . . . 1 vol.

BROU (A.). — 227. *Les Grands Ordres Religieux : La Compagnie de Jésus*. 2e édition . . . . 1 vol.

FAYE (J. de la), lauréat de l'Académie Française. — 288. *Les Grands Ordres Religieux : Les Petites Sœurs des Pauvres* . . . . 1 vol.

FLEURY (Comte). — *Les Ordres Religieux contemporains : Les Salésiens. — L'Œuvre de Dom Bosco*. 2e édition . . . . 1 vol.

HILAIRE DE BARENTON (R. P.) O. M. Cap. — *Les Grands Ordres Religienx : Les Franciscains en France*. 6e édition . . . . 1 vol.

IMPRIMATUR

Gandæ, die 7 Martii 1905.

P. A. Portmans
S. Theol. Mag.
Prior provincialis Sti Rosae in Belgio O. P.

Au Très Révérend Père Henri-Marie Iweins,

DES FRÈRES PRÊCHEURS

Bruxelles, 15 novembre 1904,
en la fête du B. Albert le Grand.

Mon Très Révérend et Cher Père,

Vous me demandez de présenter au public votre travail sur l'Ordre auquel nous appartenons, tous deux, en le complétant par quelques indications sur les trois provinces dominicaines de France.

Je me rends bien volontiers à votre désir ; non pas que je croie rien ajouter d'utile à ce que vous avez fait ou auriez pu faire vous-même, mais pour vous prouver ma fraternelle amitié et montrer aussi la cordiale sympathie qui unit les provinces désolées de ma pauvre patrie à votre florissante province de Belgique. J'acquitte ainsi une dette de reconnaissance personnelle, en même temps que je paie, en partie, celle de mes frères accueillis par vous avec une si douce charité.

Je ne puis aller plus loin, sans vous reprocher de sacrifier (c'est le mot) votre province dans l'aperçu historique que vous publiez. Vous ne vous proposiez pas, c'est évident, d'écrire une suite de monographies, mais bien plutôt une esquisse d'histoire générale de l'Ordre dominicain. Personne cependant ne se fût étonné de voir une page de votre livre spécialement consacrée à la Belgique, comme vous me demandez de faire pour la France, sous prétexte qu'elle a, dans ce tableau, un relief particulier.

Si le Père Lacordaire a commencé, en France, la restauration de notre Ordre, personne n'ignore qu'il a vite passé la frontière et demandé à la terre classique de la foi et de la liberté son concours pour l'extension de son œuvre. Personne non plus n'a oublié avec quel empressement vos compatriotes accueillirent ses avances et combien vite fut reconstituée la province de Sainte-Rose, avec une ardeur digne des plus beaux jours. Provincial de Belgique, par l'adjonction du premier couvent ouvert sur votre sol à ceux dont il était le fondateur en France, il n'a déposé ce titre que pour le remettre à un autre Français, c'est vrai, mais devenu tellement belge, qu'on pouvait se demander s'il ne l'avait pas toujours été. Le Père Rouard de Card ne se crut pas une autre mission que d'achever la fusion des âmes et des cœurs entre les fils de saint Dominique, renaissant à la vie religieuse des deux côtés de la frontière, sous la même initiative. La province de Belgique est donc la sœur autant que la fille de la province de France, et je ne pouvais écrire l'histoire de l'une sans raconter celle de l'autre.

C'est peut-être pourquoi vous avez esquissé cette part de votre tâche en me laissant le soin de la traiter. Je ne saurais vous en vouloir, tout en regrettant que vous m'ayez, en quelque sorte, forcé la main.

I

Lorsque le Père Lacordaire inaugura le couvent de Nancy, au mois de juin de l'année 1843, il y avait déjà six ans que les vénérables Pères Ackermann et Brackmann avaient entrepris de restaurer celui de Gand. Leur tentative fut couronnée de succès et bientôt il y eut, dans la capitale de la Flandre orientale, un centre de vie dominicaine, dont l'expansion gagna tout le pays, — de la Sarte à Louvain et de Tirlemont à Ostende.

Les études eurent, à Louvain, près de l'Université catholique, un rajeunissement égal à celui de l'observance, non seulement dans les noviciats, mais encore dans les six couvents, constituant la province érigée canoniquement, en 1861, par le père Jandel, alors maître général de l'Ordre.

Depuis ce moment, l'activité des Frères Prêcheurs de Belgique n'a fait que croître et produire des fruits nouveaux, tant par la prédication extérieure que par le service des chapelles où la dévotion du Rosaire, en particulier, attire les fidèles. L'enseignement de la philosophie et de la théologie scolastique vaut une juste réputation aux cours du Collège de Louvain et à ses directeurs au premier rang desquels se place, sans conteste, le père Dummemuth, dont le nom fait autorité dans le monde catholique.

Vous ne me pardonneriez pas de m'étendre plus longuement sur ces divers mérites que je pourrais attribuer à nos frères flamands et wallons : laissez-moi seulement ajouter que les traditions artistiques ne se sont pas plus perdues en Belgique que celles de l'apostolat et de l'enseignement, de même que la science sociale y est assez dignement représentée pour rendre jaloux les plus accrédités de ses représentants.

Ne protestez pas : j'ai fini, non pas faute de matière, mais pour ne pas manquer à votre sens de réserve et de discrétion. Je pourrais, il est vrai, me rejeter sur le passé et rappeler les prédicateurs, les théologiens, les prélats, les littérateurs, les artistes, surtout les saints, dont se glorifie votre histoire : mais là encore, vous m'obligez à faire court. Cependant j'évoquerai les noms de Jean de Lammans, Louis Florès, Antoine

Zimmermans, Nicolas Walkieu, confesseurs ou martyrs ; — des évêques Réginald Cools, Nicolas Bouman et Antoine Capello ; — des linguistes Jean d'Ypres, qui cultivait le tartare, et Moerbeke, qui traduisit du grec, pour saint Thomas d'Aquin, les œuvres d'Aristote ; — des prédicateurs Eustache de Rivis, Jacques Weyts, Antoine Ruyskenvelt, Guillaume Consel, Ambroise Druwé ; — des régents Liévin Neyt, François de Pratère, Pierre Van de Woestyne ; — du frère Romain qui bâtit le pont Royal et la façade de Saint-Gervais, à Paris ; — des écrivains, Gilles de Lalaing, Louis Robyn, Bernard de Jonghe — pour ne citer que ceux-là, en laissant de côté tant d'autres qui mériteraient le même honneur. Vous le voyez, je m'impose des limites que vous-même devez trouver étroites, après m'y avoir enfermé : mais qu'il soit fait suivant votre désir !

Après avoir, tout d'abord, marché la main de la main, nos deux provinces ont suivi des routes différentes, mais parallèles et souvent ramenées en contact, ne fût-ce que par les chapitres généraux dont vous avez eu le privilège en ces derniers temps et qui rajeunissaient la vieille amitié franco-belge. Une fois de plus la persécution a rapproché de vous les Dominicains de France : une nouvelle fusion s'est en quelque sorte opérée sous l'action de l'épreuve, soudant plus intimement encore les âmes et les destinées.

II

Si la restauration de l'Ordre en Belgique et en France s'est faite en un même temps et sous une même inspiration, nous trouvons les mêmes caractères aux origines des deux provinces. Il n'y a pas loin de la fondation de Saint-Jacques de Paris à celle de Saint-Michel de Gand, et c'est la même main qui en posa les fondements, celle du saint Patriarche Dominique, unie à celle du Bienheureux Jourdain, son premier successeur. L'histoire des Dominicains belges est donc comme une extension de l'histoire des Prêcheurs de France avant comme après la division qui créa la province de Germanie inférieure, et nous faisons un véritable effort en les distinguant dans la suite de cette étude. Si la part qui nous reste à exposer est plus brillante en apparence, elle n'est pas tellement exclusive qu'on n'en doive attribuer plus d'un rayon aux talents et aux vertus des religieux wallons et flamands.

Le Père Lacordaire, dans sa *Vie de saint Dominique* et dans son *Mémoire pour le rétablissement des Frères Prêcheurs*, a si magnifiquement résumé l'histoire de notre Ordre en France, depuis sa fondation en 1221 jusqu'à sa ruine en 1790, que ce serait une faute de prétendre à refaire ce travail. Tout le monde, du moins parmi les véritables chrétiens de ce temps, a lu ces deux ouvrages, et n'a pu en perdre le souvenir au point qu'on doive le croire tout à fait effacé. D'ailleurs, il faut en remercier Dieu, les Prêcheurs de ce temps et leurs amis ont tenu à donner un démenti au proverbe : « L'Ordre de saint Dominique a souci de produire des saints plutôt que d'en écrire la vie. » Sans cesser de produire de hautes vertus, il a pris à tâche de fixer ou de raviver les traits de ceux qui les pratiquèrent. Saint Dominique, le B. Jourdain de Saxe, le B. Albert le Grand, saint Hyacinthe, saint Thomas d'Aquin, saint Raymond, sainte Catherine de Sienne, Savonarole, le B. Angelico de Fiésole, saint Pie V, sainte Rose, etc., ont eu leurs historiens et non des moins estimables. Dans la grande *Année dominicaine*, le lecteur peut retrouver la mémoire de cette légion de docteurs, d'apôtres, de martyrs, de confesseurs et de vierges, dont la vision de l'Apocalypse peut seule donner une idée. Venue des quatre vents du Ciel et par toutes les voies imaginables, elle a envahi l'histoire comme elle escaladait le Ciel, et la reconnaissance lui vient ici-bas et là-haut de tous les services possibles rendus à toutes les misères et toutes les infirmités de l'esprit et du corps. Il n'y a pas une gloire dont elle ne puisse réclamer un rayon, aux yeux des hommes comme à ceux de Dieu : l'Eglise et la patrie, les arts, l'éloquence, le droit, l'économie politique, l'exégèse, la linguistique, les sciences naturelles, lui doivent tribut aussi bien que l'apostolat, la direction des âmes et le service des pauvres, des orphelins ou des abandonnés. Dans les conseils des rois, où elle a porté tant de sagesse et de modération, dans les chaires des Universités ou des cathédrales, où elle a brillé d'un si vif éclat dans les hôpitaux, les refuges, les béguinages, dont on lui doit la fondation et la conduite, sa place est au premier rang et n'a jamais été au-dessus de son mérite. A vrai dire, son histoire est celle du progrès évangélique et de la civilisation chrétienne du treizième siècle au dix-huitième, et jamais ingratitude ne fut comparable à celle qui nia ses services pour s'arroger ses dépouilles.

III

Après cinquante ans de silence et d'inactivité forcés, l'Ordre de Saint-Dominique reprit la parole et l'action. Ce fut comme un renouveau des plus beaux âges : Dominique revivait dans Lacordaire, entouré, lui aussi, d'une pléiade de grandes âmes, et si l'éloquence paraissait, en cette nouvelle génération, le premier titre à l'honneur, les sciences, les lettres et les arts, l'abnégation, le dévouement et le zèle s'empressaient à lui faire un cortège digne d'elles, même aux heures de ses plus éclatants succès.

La fécondité, qui récompense les grandes initiatives, se traduisit, pour la nouvelle province de France, en fondations multiples de couvents, puis des provinces nouvelles, celles de Lyon et de Toulouse, également ardentes et profitables à l'œuvre de Dieu. Les missions étrangères s'ajoutèrent à l'apostolat indigène : Bagdad, Beyrouth, Trinidad, virent des évêques dominicains de France assis sur des sièges où les portaient leurs vertus et leurs services à la cause de la civilisation et de la foi. Du Canada au Brésil, l'Amérique rendit témoignage aux travaux des Prêcheurs français, aidés par leurs sœurs, empressées à les suivre dans cette nouvelle exploration du monde. On eut pu se croire revenu au jour où le général de l'Ordre donnait indifféremment des assignations pour les couvents de Laponie et de Syrie, ou des missions auprès du Khan des Tartares ou des émirs de la Mauritanie. Tout cela, comme jadis, sans bruit ni recherche de gloriole. Combien de ceux qui poursuivent les Frères Prêcheurs de leurs dédains, sinon de leur haine, n'ont jamais rien su de leurs travaux !

IV

Leur part n'était pas moins bonne au milieu de leurs compatriotes. Pour ne parler que de leur ministère apostolique, ils occupaient avantageusement les plus hautes chaires du pays, et Lacordaire inaugurait, à Notre-Dame de Paris, les conférences où ses fils ont su, même après lui, s'assurer encore de l'estime. Ce qui vaut peut-être mieux, ils semaient, sans regarder au champ ni mesurer leur fatigue, le bon grain de l'Evangile partout où on les appelait, sympathiques surtout à la jeunesse et préparant une génération de vrais croyants, de concert avec leurs frères du Tiers-Ordre enseignant, fondé par leur restaurateur.

En même temps, leurs sœurs couvraient le sol français de grandes et de petites écoles, où des milliers de jeunes filles s'initiaient à la vie des femmes chrétiennes.

Jamais l'Ordre n'avait déployé plus d'activité : son nom était devenu synonyme d'ardeur, de générosité, de progrès, de liberté et de patriotisme. Les plus nobles amitiés récompensaient ces loyaux serviteurs ; les plus hautes dignités s'offraient parfois à leur indifférence. Lacordaire, peu soucieux de l'épiscopat, s'asseyait, comme malgré lui, parmi les représentants du pays et les membres de l'Académie française. Le P. Captier prenait place au Conseil supérieur de l'Instruction publique. Le P. Monsabré se voyait inscrire au rang des chanoines d'honneur de Notre-Dame. Le P. Chocarne recommençait la série des confesseurs royaux. Le P. Didon semblait incarner la rénovation dans ses écoles d'Arcueil et de Paris. Le P. Scheil professait à la Sorbonne et recevait la direction des musées impériaux de Constantinople. Le P. Lagrange entrait à la Commission Pontificale des études bibliques. Sur la poitrine de plusieurs, on attachait les décorations les plus recherchées et la pourpre cardinalice n'eût point paru déplacée sur les épaules de quelques-uns.

Les provinces françaises ne paraissaient pas moins méritantes aux yeux de l'Ordre entier, qui leur avait demandé deux de ses maîtres généraux, les Frères Jandel et Cormier. L'avenir s'annonçait plein de promesses, lorsque s'éleva l'horrible tourmente où menace de sombrer, avec les Ordres religieux, l'Eglise de France elle-même. Ce sera l'éternel honneur des Dominicains d'avoir tenu bon jusqu'à la dernière heure, sur les débris de leur œuvre, et de n'avoir jamais renoncé à l'espérance de la ressusciter. Le jour où la patrie se ressaisira, parmi les premiers qui lui ouvriront sa voie nouvelle, seront, s'il plaît à Dieu, les fils de saint Dominique, toujours prêts à reprendre leur traditionnel service de la foi, du patriotisme et de la liberté.

Si quelqu'un s'étonne, en lisant ces lignes, du lyrisme qui les marque, ce ne sera pas vous, très révérend et cher Père, à qui notre Ordre est si cher, et qui trouveriez mauvais d'écarter de ses joies ce que Lacordaire appelait si bien « ce calice de gloire ». Soyons fiers, puisque nous en avons le droit, de porter l'habit des Frères Prêcheurs et de réclamer notre fraternité avec les hommes qui l'ont illustré. Si nous ne sommes pas de même taille, affirmons que nous voulons au moins être de même cœur et, dans leur droit à l'honneur, prendre au moins la part qui revient à la conscience du devoir et à la volonté de le remplir. Autour de nous, disons-le sans crainte, nos yeux ne rencontrent que de bons et loyaux serviteurs de la Vérité, suivant notre séculaire devise, et réconfortons nos âmes, au milieu des épreuves, à la pensée que l'avenir est à Dieu, dont nous entendons rester, quoi qu'il arrive, les inutiles mais fidèles coopérateurs.

Telles sont vos convictions et vos espérances, ainsi qu'en témoigne votre travail ; je les ai traduites de mon mieux après les avoir ressenties avec le même plaisir que vous y avez trouvé, sinon en les exprimant avec la même chaleur dont vous avez l'habitude. J'ai fait de mon mieux ; ne voyez que mon désir de vous prouver une fois de plus, ma respectueuse et cordiale sympathie pour votre personne et vos œuvres.

Tout à vous en Notre-Seigneur,

F. Marie-Joseph Ollivier,
des Frères Prêcheurs, S. Theol. mag.

PRÉFACE

Plus que jamais l'état religieux est l'objet des attaques les plus violentes et les plus injustes. Sans parler de la persécution officielle qui ferme les couvents et met le sceau de l'Etat sur leurs églises, l'indifférence et souvent le mépris sont sur les lèvres et dans le cœur de plusieurs.

La meilleure réponse que l'on puisse donner à ces attaques est de faire connaître ceux qui en sont l'objet et les victimes.

Montrer au grand jour leurs œuvres dans le passé, prouver par des faits l'importance des services qu'ils ont rendus à la société et à l'Église, est la plus digne et la plus victorieuse défense.

La pensée de défendre un Ordre qui nous est cher, nous a inspiré l'idée de ce travail. Prendre sa défense, c'est défendre en même temps tous les autres, car tous sont solidaires.

Nous voudrions considérer l'Ordre de saint Dominique en lui-même et dans son histoire.

Dans la première partie de ce travail nous étudierons la pensée qui a donné naissance à cet Ordre, et nous verrons avec quelle sagesse son fondateur a tracé la règle destinée à faire de ses disciples de vrais Frères Prêcheurs.

L'Ordre étudié dans son histoire fera l'objet de la seconde partie.

Après un coup d'œil jeté sur le développement de l'œuvre du saint Patriarche, nous rechercherons dans quelle mesure les Dominicains ont été fidèles à leur vocation et ce qu'ils ont fait pour le salut de la société et la défense de l'Eglise.

Nous n'avons pas voulu faire un livre, mais donner seulement une idée de l'Ordre des Frères Prêcheurs.

Nous serions bien heureux si une main plus exercée et plus habile pouvait un jour exécuter un travail que nous n'avons fait qu'indiquer.

Nous souvenant de la parole de la Sainte Ecriture : « Ne louez personne avant sa mort, » et pour éviter tout ce qui pourrait ressembler à des personnalités ou de la flatterie, nous avons pris l'inflexible résolution de ne citer dans cette étude le nom d'aucun religieux encore vivant.

Si, dans cet écrit, il se trouvait quoi que ce soit de contraire au décret d'Urbain VIII, à toute autre loi ou tradition de l'Eglise, nous déclarons nous soumettre avec la plus aveugle et la plus filiale obéissance à la maternelle et infaillible autorité de Celle dont nous sommes et voulons rester toujours l'enfant le plus soumis et le plus dévoué.

F. HENRI-MARIE IWEINS,
des Frères Prêcheurs.

PREMIÈRE PARTIE

L'Ordre considéré en lui-même.

CHAPITRE PREMIER

Saint Dominique et les Frères Prêcheurs.

L'Ordre des Frères Prêcheurs, comme l'indique son nom, est essentiellement voué à la prédication, par la volonté de son fondateur et par la mission qu'il a reçue des Souverains Pontifes.

« Notre Ordre (1) a pour but principal la prédication et le salut des âmes. Par là même il tient un des premiers rangs parmi les divers ordres religieux. Car de même qu'il est plus parfait d'éclairer que de briller seulement, il est plus parfait de communiquer le fruit de sa contemplation que de contempler seulement (2). »

Les Frères Prêcheurs ont pris naissance au milieu des agitations religieuses et politiques du XIIIe siècle ; c'est à l'ensemble des circonstances dont fut entouré son berceau, qu'il doit le caractère militant qu'il a toujours conservé.

Appelé par son fondateur à lutter contre l'erreur par le glaive de la parole, il a mérité le nom d'Ordre de la Vérité. C'est pour défendre la vérité et propager son empire que des légions d'apôtres n'ont cessé de parcourir le monde et de le féconder de leurs sueurs et de leur sang : c'est pour défendre la vérité et propager son empire que les Frères Prêcheurs sans

(1) *Constitut. Ordinis FF. Præd.* Declaratio I.

(2) On peut voir dans Saint Thomas le développement de cette doctrine 2. 2. q. 188, art. 6.

nombre ont consacré leur vie au rude et austère apostolat de la science et de l'enseignement. C'est parce que saint Dominique devait fonder l'Ordre de la Vérité que Dieu en fit, selon le témoignage de l'Eglise (1), « un apôtre parfait, le soutien de la Foi, le flambeau du Christ, un second précurseur et un grand sauveur des âmes ».

Dès avant sa naissance, un songe mystérieux avait fait présager à la mère de saint Dominique ce que serait un jour son enfant. Elle vit un chien, portant en sa gueule un flambeau, s'échapper de son sein pour embraser le monde : par quoi elle put comprendre que son fils illuminerait et embraserait les cœurs par sa doctrine et sa parole.

Nous n'avons pas l'intention de raconter en détail la vie du fondateur des Frères Prêcheurs ; ce travail a été fait de main de maître par l'un de ses plus illustres fils (2). Qu'on nous permette de montrer comment la vie de saint Dominique se résume dans ces mots des Constitutions « *Contemplare... et aliis contemplata tradere...* Contempler et mettre à la portée des autres les fruits de la contemplation. »

Contempler fut pendant des années l'unique occupation du saint Patriarche. Dès son enfance, il eut un attrait singulier pour la prière, qui le soutint pendant ses années d'Université, qu'il passa dans l'innocence, et lui fit faire dans les sciences divines et humaines des progrès prodigieux. C'est cet attrait qui le conduisit chez les chanoines réguliers de saint Augustin, où, pendant sept ans, il s'adonna à cette vie contemplative qui fit toujours ses délices. Plus tard, en effet, conduit par la divine Providence dans le champ de l'apostolat, il consacrait ses journées à la prédication, donnant ses nuits à la contemplation, à la prière et à la pénitence (3).

(1) *Breviarium Ord. Præd.*

(2) *Vie de saint Dominique*, par le R. P. Henri-Dominique Lacordaire, des Frères Prêcheurs, membre de l'Académie.

(3) Act. de Bologne.

Cependant tout cela n'était qu'une préparation. Déjà des traits héroïques avaient fait entrevoir une partie des trésors de charité que Dieu avait déposés dans ce cœur. Citons-en deux.

Afin de venir en aide aux pauvres il vendit ses livres, annotés de sa main, pour leur en distribuer le prix.

Une autre fois, il voulut se vendre lui-même pour racheter le fils d'une veuve captif chez les Maures.

La divine Providence, qui le réservait à racheter d'autres captifs, ne permit pas que cette offre héroïque fût acceptée.

Dieu le prit en quelque sorte par la main pour le conduire sur le théâtre le mieux fait pour un cœur d'apôtre : le midi de la France ravagé par une hérésie qui menaçait d'un même coup la foi catholique et l'ordre social.

Aussitôt il se mit à prêcher avec un zèle et une constance qui ne furent jamais surpassés. Il parcourut le midi de la France, traversa tour à tour et plusieurs fois les Alpes et les Pyrénées, sillonna l'Italie et l'Espagne en tous sens, et obtint partout, même à Rome, le succès le plus éclatant.

Dieu seul connaît le nombre d'âmes qu'il convertit. En Lombardie seulement, il ramena plus de cent mille hérétiques à la foi, et cette province ne fut cependant pas le principal théâtre de son apostolat. Ce n'est donc pas sans raison que les Souverains Pontifes l'ont appelé le maître de la prédication. Rien de plus naturel. Le Père des Frères Prêcheurs devait être ce maître par excellence.

Engendrer un Ordre de prédicateurs devait être le grand œuvre de saint Dominique. Par là il léguait son âme à d'autres âmes, sa vie à d'autres vies, et perpétuait à jamais son apostolat. Mais pour l'accomplissement de ce dessein, il fallait unir et harmoniser des choses jusque-là séparées, la vie monastique et la vie apostolique. Il y avait eu jusque-là dans l'Eglise des moines et des apôtres, mais ces deux auréoles ne brillaient pas sur le même front.

Les religieux n'avaient pas l'apostolat pour but. Ils se sanctifiaient dans la solitude, la prière et le travail.

Ils sortaient rarement de leurs monastères pour visiter les hommes. S'ils s'arrachaient aux douceurs de la vie contemplative, comme saint Bernard, ce n'était que pour bien peu de temps, et ils avaient hâte de regagner leur cellule.

« Créer une institution capable d'unir l'austère discipline du cloître à l'activité conquérante de l'apostolat, opérer la fusion du moine et de l'apôtre, jeter l'un et l'autre dans un même moule évangélique, mais sans absorber l'apôtre dans le moine et sans effacer le moine dans l'apôtre, armer pour les luttes de la vertu une phalange nouvelle, tel fut le dessein conçu par notre apôtre. Saisir le point de rencontre marqué par la Providence entre un temps et une institution, entre un besoin et un secours, ce fut le génie, je devrais dire pour parler une langue moins humaine et plus digne de lui, ce fut l'inspiration de Dominique, car l'idée en vint dans son âme sous le souffle de Dieu (1). »

L'édifice construit par saint Dominique était harmonieux, mais il était hardi ; or cette hardiesse ne touchait-elle pas à la témérité ? N'était-ce pas trop tenter que d'appeler à une hauteur parallèle la vie du moine et de l'apôtre ? Quelle sève pourrait sans s'épuiser, suffire au développement de ces deux puissants rameaux ?

« Certaines règles ont tenu compte de la faiblesse humaine et nous apprécions leur prudence ; celle-ci semble la braver en faisant appel à des énergies qui s'épuisent et à un élan qui se ralentit.

« Les siècles se sont chargés de répondre (2). » Saint Dominique savait que la bénédiction du représentant de Dieu sur la terre, du Pontife romain, peut seule donner à une œuvre la fécondité et la vie.

Il alla demander à Rome l'approbation de son Ordre.

Le pape Innocent III ne se montra tout d'abord pas favorable à ce projet.

(1) R. P. Félix. *Saint Dominique et l'apostolat.*

(2) P. Danzas. *Histoire des temps primitifs de l'Ordre de saint Dominique.*

Une des raisons de cette répugnance était que la prédication est un office transmis des apôtres aux évêques. Il semblait contraire à la tradition d'en faire la fonction d'un autre ordre que de l'ordre épiscopal. Et puis le Concile de Latran avait recommandé de ne plus approuver de nouveaux ordres. Mais une vision qu'eut le Pape mit fin à toute hésitation. Il vit en songe la basilique de Saint-Jean de Latran près de tomber, et saint Dominique qui en soutenait les murailles chancelantes.

Le lendemain, le Pape approuvait verbalement l'Ordre naissant. Il recommanda au Saint de lui en présenter la règle sans retard, et l'appela l'Ordre des Prêcheurs.

Ce fut Honorius III, son successeur, qui consacra solennellement, le 22 décembre 1216, la vie de ceux qu'il appela les champions de la foi, la vraie lumière du monde, les athlètes invincibles du Christ (1), leur donnant son propre palais sur le mont Aventin pour en faire leur première résidence dans la Ville éternelle.

Telle fut la principale œuvre du saint patriarche ; mais là ne s'arrêta pas son zèle. Il établit aussi un couvent de Sœurs appelées Prêcheresses, et destinées par leur vie de prière et de pénitence, à ce que le Frère Prêcheur, engagé dans les luttes de l'apostolat, ne pouvait toujours accomplir. Leur premier monastère fut établi à Prouille, berceau du second Ordre de saint Dominique. Il se répandit rapidement, et couvrit le monde de monastères. En 1717, l'Europe seule en comptait plus de six cents.

Les Frères Prêcheurs étaient aussi, dans la pensée de saint Dominique, un ordre monastique : ils ne devaient jamais se laisser entraîner par l'ardeur de leur zèle dans une vie tout active. C'est pourquoi le saint mit à côté d'eux une milice destinée à déployer partout une incessante activité, et qu'on appelle communément le Tiers-Ordre. Il le destinait à suppléer et à soutenir dans la vie active le grand Ordre, comme le second devait le suppléer et le soutenir dans la con-

(1) Bullar. Ord. 1. 4.

templation. Par cette troisième création, le saint « fit descendre la vie religieuse jusqu'au sein du foyer domestique et au chevet du lit nuptial ».

On le voit, tout s'enchaîne admirablement dans le plan conçu par saint Dominique pour perpétuer son apostolat dans le monde. Mais là ne s'arrêta pas l'ardeur de ses désirs ; il eût voulu conquérir l'univers entier et l'embrasser dans son apostolat.

La Très Sainte Vierge daigna lui en donner le moyen en lui confiant la propagation du Rosaire. Cette dévotion, à la fois si élevée et si simple, était destinée à devenir populaire entre toutes. Le désir de Dominique fut réalisé par ses enfants, qui ont enchaîné tant de cœurs à celui de Marie, par la plus douce et la plus aimable de toutes les chaînes.

Telles sont les œuvres qui font de saint Dominique un des plus grands hommes du christianisme.

Il se reposa dans le Seigneur l'an 1221. A l'heure où ses frères consternés recevaient son dernier soupir, un de ses religieux, placé depuis par l'Eglise sur les autels, le B. Guala, qui habitait Brescia, vit son père montant au ciel, assis sur un trône soutenu par des anges qui se perdait dans les cieux.

« C'était, dit saint Vincent Ferrier, un symbole plein d'une grande signification. L'Ordre des Frères Prêcheurs, ne conduit pas ses membres au Ciel par la seule échelle de la vie contemplative, ni par la seule échelle de la vie active, mais il les y fait monter en se servant de l'une et de l'autre à la fois (1). »

CHAPITRE II

Vie religieuse et monastique.

Deux règles célèbres, celle de saint Benoît et celle de saint Augustin, se partageaient le gouvernement des religieux en Occident. Saint Dominique choisit

(1) Vie de Saint Vincent Ferrier.

celle de saint Augustin, sous laquelle il avait vécu comme chanoine régulier.

Elle avait l'avantage de ne renfermer que les grandes lignes de la vie religieuse et lui permettait d'y ajouter des Constitutions adaptées au but spécial qu'il voulait atteindre par la fondation des Frères Prêcheurs.

Ce sont ces constitutions que nous voudrions résumer en quelques lignes.

Le saint fondateur savait que pour sanctifier les autres, on doit commencer par se sanctifier soi-même : c'est ce qui explique la large part faite dans sa règle aux observances monastiques. Il suffira d'un regard jeté sur les constitutions pour s'en convaincre.

On peut ranger ses observances en trois catégories ; la prière, la pénitence et la discipline régulière. Ce qui frappe tout d'abord dans la vie dominicaine, c'est la prière. Le Frère Prêcheur doit être un homme de prière. La prière est l'horloge qui règle sa vie. Ses travaux, son repos même, sont réglés par la prière, et les occupations du jour sont sanctifiées par le retour périodique des *heures* de l'office divin.

L'office commence d'ordinaire par la récitation du petit Office de la Sainte Vierge : la première prière que les anges recueillent sur les lèvres des enfants de saint Dominique doit être l'*Ave Maria*.

Après l'avoir récité dans le dortoir, devant la statue de la Très Sainte Vierge, les religieux se rendent au chœur pour le grand office. Celui-ci se psalmodie ou se chante d'après la solennité des fêtes. Quand on le le chante, on doit, disent les Constitutions, le faire brièvement ou succinctement pour ne pas diminuer la dévotion des Frères ou empêcher l'étude. Tous doivent assister chaque jour à la messe conventuelle et faire en commun une heure d'oraison.

Commencé fréquemment par l'*Ave Maria*, l'office se termine tous les soirs par une procession, pendant laquelle on chante le *Salve Regina*. Tous les samedis, on ajoute le chant des litanies de la Très Sainte Vierge. Chaque semaine, la communauté doit réciter l'office des morts, suivi d'une messe qui se termine par le chant solennel du *Libera*.

Ces exercices prennent environ quatre heures en temps ordinaire, car souvent les offices sont plus longs. Outre ces prières obligatoires, c'est un usage général, dans tous les couvents, de réciter en communauté le chapelet vers le soir, de faire une lecture quotidienne dans la Sainte Ecriture, et de consacrer une demi-heure à la lecture spirituelle.

On le voit, le Dominicain est un homme de prière. C'est là qu'il doit puiser les grâces et les forces nécessaires à l'étude et à la prédication.

Mais la prière n'est pas le seul côté de la vie monastique du Frère Prêcheur ; la pénitence et la mortification viennent tout naturellement y prendre place.

Saint Dominique avait adopté l'austérité monastique, qui a surtout pour objet l'abstinence et le jeûne. L'abstinence doit être perpétuelle dans tous les couvents ; c'est là un point fondamental. Saint Dominique veut faire subir au corps un salutaire appauvrissement, afin que l'intelligence puisse recevoir davantage les illuminations de la Vérité et que la vie divine puisse se développer sans entraves.

Le jeûne imposé au Dominicain est le grand jeûne monastique de sept mois (du 14 septembre à Pâques) et pendant le reste de l'année, les vendredis, et la veille des fêtes de la Très Sainte Vierge et des Apôtres. A certains jours, l'abstinence est plus complète et la règle prescrit des macérations spéciales.

Hâtons-nous d'ajouter que cette même règle recommande et ordonne aux prélats de dispenser des austérités de la règle les religieux pour qui elles seraient une entrave à l'étude ou à la prédication.

Du reste, la règle elle-même mitige ses austérités, pour les religieux qui se trouvent en dehors du couvent, employés à l'exercice du saint ministère.

L'observance de la discipline monastique vient donner un dernier trait à l'austérité. Les constitutions, en prescrivant la manière de se vêtir, de se coucher, ne manquent pas de donner une large part à la pénitence. Une laine grossière couvre le corps du Dominicain ; sa couche est dure, et son repos réglé par des prescriptions sévères. La pratique d'une étroite pauvreté (1), les détails multipliés d'observances monastiques, en font un moine dans toute la force du terme.

La discipline religieuse a un autre objet, beaucoup plus élevé, qui est l'âme. Elle l'entoure de plusieurs enceintes pour la protéger contre la dissipation ou un travail trop extérieur ou trop absorbant.

C'est d'abord la clôture qui le sépare du monde et dont les hommes eux-mêmes ont rarement l'accès. C'est ensuite la cellule dont l'entrée est d'ordinaire interdite à tout le monde, même aux religieux de la maison. Cette cellule est pour le religieux un petit paradis sur la terre. C'est enfin le silence qui le sépare des créatures, lui facilite l'union avec Dieu et le prépare à l'étude et à la prédication. C'est pourquoi un des plus grands saints de l'Ordre, saint Antonin, appelle le silence le père des Frères Prêcheurs : « *Silentium pater prædicatorum.* » Ce silence est si rigoureux, qu'au réfectoire, par exemple, aucun supérieur, même le Général de l'Ordre, ne peut en dispenser.

Le chapitre des coulpes que le supérieur doit tenir très régulièrement est un des grands moyens de sauvegarder l'observance. Là, chacun doit venir tour à tour s'accuser humblement devant son supérieur, en présence de ses frères, des moindres manquements à la règle et recevoir avec docilité la correction et la pénitence qui lui sont imposées, suivant la règle.

Telle est en résumé la part monastique de la vie dominicaine : voilà comment saint Dominique a voulu préparer ses religieux à la prédication.

Mais en plus de la vie contemplative, le Saint a fait à ses religieux une obligation expresse et rigoureuse de l'étude. Aussi les études ont-elles toujours été dans cet Ordre entourées d'une grande estime : et les constitutions entrent avec une prédilection marquée dans tant de détails sur leur organisation dans les couvents.

Nous dirons plus tard un mot des études dominicaines et comment l'Ordre forme ses religieux. Qu'il nous

(1) Nous ne dirons rien ici de l'observance des trois vœux, parce qu'elle est commune à tous les religieux. Notons en passant que la règle dominicaine n'oblige pas sous peine de péché.

suffise pour le moment de remarquer que l'étude est imposée, non seulement aux novices, mais à tous les religieux, quels que soient leur âge et leur dignité. Ce qui explique l'importance attachée à la formation des bibliothèques dans les couvents. Rien à cela de surprenant, puisque l'étude est le premier aliment à la contemplation.

L'étude, chez les Dominicains, remplace le travail manuel, que nous trouvons prescrit par les fondateurs des Ordres monastiques, aussi bien en Occident qu'en Orient.

Il y a en outre dans l'Ordre de saint Dominique des frères convers qui sont principalement employés aux services matériels que réclame le couvent.

Ils sont de vrais Dominicains pratiquant les mêmes observances, prononçant les mêmes vœux que les Pères.

Souvent ils accompagnent nos missionnaires dans les régions lointaines, les aidant à évangéliser les infidèles, à organiser les chrétientés, et donnent avec eux le témoignage du sang à l'heure du martyre (1).

CHAPITRE III

L'Apostolat.

La vie de prière et d'étude, l'abstinence perpétuelle de chair, les longs jeûnes, l'austérité des habitudes, le chapitre, le silence, en un mot, la discipline claustrale malgré sa rigueur, parut à saint Dominique compatible avec la vie d'un apôtre qui s'en va semant le bon grain de la vérité.

Une expérience six fois séculaire a montré avec quelle sagesse et quel succès le saint Patriarche sut, dans sa règle, concilier les deux vies monastique et apostolique.

Les constitutions s'étendent longuement sur la prédication et le ministère apostolique, et tous les exer-

(1) P. Duchaussoy, O. P. *Lettres à un jeune homme sur l'Ordre des Frères Prêcheurs.*

cices de la vie monastique n'ont d'autre but que de sanctifier les Frères Prêcheurs, afin qu'ils puissent plus certainement et plus facilement sanctifier les autres.

« L'éloquence, a dit le Père Lacordaire, est le plus difficile des arts, et la prédication est de tous les genres d'éloquence le plus élevé. »

Rien n'est plus grand en effet que l'apostolat, comme le dit un autre orateur célèbre. C'est le rayonnement de la vérité, l'expression de l'amour, le souffle de la sainteté ! Selon que l'humanité suit ou délaisse ses enseignements, elle s'élève au sommet de la sainteté ou se penche vers les abîmes.

Le Frère Prêcheur, préparé dans la solitude, la prière et la pénitence, sort de son couvent gardé par sa règle qui l'accompagne en partie hors de son monastère. Il en sort préparé par de longues et solides études. Le cœur embrasé d'amour, il va travailler avec zèle à la conversion des âmes. Il rompt à tous le pain de la parole, aux petits comme aux grands, aux pauvres comme aux riches. Il se rappelle cette parole des apôtres Pierre et Paul à son bienheureux Père : « Va et prêche, c'est à cela que tu es appelé. »

Aucun genre de prédication ne lui est étranger.

Le Frère Prêcheur doit tour à tour se mettre à la portée de l'humble habitant de la campagne, et déployer devant un savant auditoire les splendeurs d'une éloquence à la fois brillante et solide. Pour le pauvre il a son rosaire, et pour le savant sa théologie. Il sait discuter avec l'hérétique obstiné, et le suivre dans le dédale de ses erreurs pour lui en montrer la fausseté et le mensonge. La prédication du Dominicain, quel que soit l'auditoire auquel elle s'adresse, doit être une prédication doctrinale.

Cet apostolat déjà si glorieux, ne suffit pas à l'ardeur de son zèle. Il rêve la conquête des âmes assises à l'ombre de la mort, et l'Ordre des Frères Prêcheurs voit souvent ses enfants traverser les océans, porter au loin le flambeau de la foi et arroser de leur sang le champ de leur labeur.

D'autres se dévouent au ministère obscur de la

direction des âmes et usent au tribunal de la pénitence leurs forces et leur vie.

Nous montrerons plus tard dans quelle mesure les enfants de saint Dominique ont répondu au désir de leur saint fondateur, et nous verrons de quelles bénédictions il a plu à Dieu de bénir leurs travaux.

Il est encore un autre apostolat, moins brillant peut-être, mais non moins utile, c'est celui de l'enseignement théologique. Saint Dominique avait le titre de Docteur, et le Souverain Pontife en avait fait son théologien, sous le nom de Maître du Sacré Palais.

Depuis lors ce titre a toujours été conféré à un de ses enfants, et l'auréole de la science n'a jamais cessé de briller sur la tête des Frères Prêcheurs.

L'ordre de la vérité devait être l'ordre de la doctrine et donner à l'Eglise des légions de docteurs, dont les uns ont enseigné dans les plus célèbres universités et honoré les chaires les plus illustres, les autres dans leurs couvents et formé à leur tour des docteurs aussi bien que des apôtres.

Mais enseigner, surtout dans les universités, ne pouvait être le partage que d'un petit nombre. La science cherche donc une autre voie pour se répandre dans le monde et l'Eglise.

De là cette pléiade d'écrivains célèbres dans toutes les branches de la science divine et humaine, qui font la gloire doctrinale de l'Ordre des Frères Prêcheurs, gloire dont nous parlerons bientôt.

Ce n'est pas tout. Entre leurs mains les arts deviennent les instruments dociles d'une nouvelle branche d'apostolat. Les moines ont toujours cultivé les arts, et Montalembert nous montre avec quelle ardeur et quel succès. Les Frères Prêcheurs surtout, dit-il, ont maintenu l'art dans sa vigueur, sa pureté et sa fécondité ; sous des formes nouvelles, ils lui ont fait atteindre l'idéal de la beauté transfigurée par la foi, cette perfection enchanteresse de la grâce, de la noblesse, dont le type se trouve dans la *Madone*, telle que l'a peinte le bienheureux Dominicain Jean de Fiesole, si justement surnommé le Frère Angélique.

Que de sermons Fra Angelico n'a-t-il pas écrits sur

les murailles du couvent de Florence, en ces fresques qui prêchent encore la splendeur de la vertu ! La peinture, la sculpture devinrent pour les Frères Prêcheurs un héritage sacré et pendant des siècles les religieux de l'Ordre de Saint-Dominique ont prêché non seulement par la parole du prédicateur et par le génie du docteur, mais par le pinceau du peintre et le ciseau du sculpteur.

CHAPITRE IV

Formation et vie intime du Frère Prêcheur.

Nous avons vu comment le Dominicain doit s'élever à la perfection de la vie religieuse, sur les ailes de la contemplation et de l'apostolat. Mais pour mieux atteindre notre but qui est de faire connaître d'abord l'Ordre considéré en lui-même, il nous semble utile de faire pénétrer le lecteur plus avant dans l'intimité de la famille dominicaine.

Un jeune homme se présente à la porte d'un couvent avec le désir d'y entrer. Ce qui le frappe, dès qu'il a franchi le seuil, c'est le calme religieux, la paix profonde qui règne dans ce cloître silencieux, la démarche recueillie de ceux qui l'habitent, la réception simple et cordiale du religieux envoyé par le supérieur pour le recevoir.

Placé sur le seuil de la vie religieuse, le postulant est mis à même de mesurer toute l'étendue des devoirs de la vie dominicaine.

Trois religieux graves, choisis parmi les Pères du conseil, sont chargés de lui faire subir un examen sérieux non seulement sur ses capacités intellectuelles et ses études, mais encore sur sa vocation, ses dispositions, et tout ce qui est de nature à les éclairer.

Les trois examinateurs font leur rapport aux Pères du conseil qui, après avoir interrogé de nouveau le postulant, prononcent par vote secret son admission ou son rejet. Ce vote doit être confirmé par celui de la communauté et par l'avis du révérend Père Provincial, avant d'admettre à l'année de probation.

Après une retraite de dix jours, le postulant, s'il

persévère, est conduit aux pieds du prélat qui doit lui donner le saint habit. Celui-ci l'interroge de nouveau et après lui avoir exposé les austérités de l'Ordre, il lui demande s'il persiste dans son dessein. S'il répond affirmativement, le chantre entonne le *Veni Creator*, et tous les Frères s'agenouillent pour implorer solennellement l'Esprit-Saint.

Pendant ce chant, le postulant est revêtu de l'habit dominicain qui consiste dans une tunique de laine blanche et un scapulaire de même couleur. La couleur blanche est un symbole de pureté et un témoignage de l'amour de saint Dominique pour la Très Sainte Vierge. C'est elle, en effet, qui donna de ses propres mains le scapulaire au bienheureux Réginald, un des premiers compagnons de saint Dominique.

La chape noire dont on revêt ensuite le novice signifie la pénitence qui doit entourer la chasteté pour la préserver, comme les épines protègent le lys qui fleurit au milieu d'elles. « Si l'habit eût été, dit le bienheureux Raymond de Capoue, entièrement blanc ou entièrement noir, sa signification eût été incomplète. » Le Rosaire que l'on attache à la ceinture (1) est le glaive pacifique, mais tout-puissant, que Marie mit aux mains des Frères-Prêcheurs pour combattre et pour vaincre les ennemis du dedans et du dehors.

La rasure, en forme de couronne, dont on orne la tête du novice, est, dit saint Thomas (2), « le symbole de la dignité royale et de la perfection ». Le religieux appelé à l'honneur de coopérer aux divins mystères, est investi d'un sacerdoce royal et doit s'efforcer de se rendre parfait.

Le postulant se prosterne alors en étendant les bras en croix. Pendant que la communauté chante, on le

(1) On a fait remarquer que chaque ordre religieux a pour but spécial de symboliser l'un des vœux ou l'une des vertus fondamentales de la vie religieuse, comme par exemple l'Ordre de Saint-François symbolise la pauvreté.

L'Ordre de Saint-Dominique avait pour mission de symboliser la chasteté dans le monde. Il y a entre la pureté et la vérité des affinités profondes, et saint Thomas, l'ange de l'école, ne doit-il pas à son éminente pureté d'avoir vu son intelligence inondée des splendeurs de la vérité ? L'Ordre de la vérité devait être l'Ordre de la chasteté.

(2) Sum. theol., Supplem. q. XL. a. 1.

relève, on le conduit aux pieds du prélat devant lequel il s'agenouille. Alors celui-ci lui impose un nom de religion, l'embrasse pour lui signifier qu'il vient d'entrer dans la famille dominicaine. Ce baiser fraternel, le novice le rend à chacun de ses nouveaux frères qui lui témoignent par leur affection, leur joie de l'admettre dans leurs rangs. Puis commence pour le novice une vie tout à fait nouvelle.

L'Ordre lui donne un an pour réfléchir, et ce temps est nécessaire pour se former à la vie religieuse et éprouver les austérités de la règle. Pendant le noviciat, l'étude proprement dite est interdite. L'année tout entière se passe à approfondir les constitutions de l'Ordre et à former l'homme intérieur par la prière, la pénitence et le recueillement.

La règle insiste, avec raison, sur la nécessité et l'importance du noviciat : car il est difficile de se dépouiller du vieil homme pour revêtir l'homme nouveau. C'est un grand travail que de se vaincre soi-même, d'aimer la sujétion et l'humiliation.

Aussi est-ce à un religieux choisi avec le plus grand soin qu'est confiée la direction du noviciat, pépinière de l'Ordre dans les diverses provinces.

Bien des personnes pourraient s'imaginer que cette vie d'isolement et de pénitence, que cette vie d'immolation et de mort à soi-même est une vie bien triste et bien pénible. Il n'en est rien. Tous les religieux peuvent affirmer que cette époque est la plus heureuse de leur vie religieuse, même de leur vie tout entière, et que le noviciat est un de leurs plus doux souvenirs.

Pendant cette année, les épreuves ne manquent pas. C'est le devoir du maître des novices d'éprouver avec discernement, mais avec fermeté, leur vocation, de leur faire sentir et comprendre les obligations auxquelles ils vont se lier par d'éternels serments.

Deux mois avant la fin de cette année de probation, le novice doit passer un examen sur les constitutions de l'Ordre, les rubriques et surtout sur la vie religieuse. S'il est admis par le vote du conseil, la communauté et le Père Provincial doivent ratifier cette admission. Après un an d'épreuve, le novice prononce des vœux simples, et 3 ans après, des vœux solennels.

Remarquons ici que cette profession est faite sous la forme chevaleresque, *per modum hommagii*, et qu'en ce moment solennel, le Dominicain prend la Très Sainte Vierge Marie pour sa Dame : *Deo et beatæ Mariæ Virgini* (1).

Les vœux prononcés, l'heure des études a sonné.

Les études sont sérieuses et profondes ; l'Ordre de saint Dominique ne veut confier le glaive de la parole qu'à des mains exercées ; mais de crainte que la science n'enfle l'esprit et le cœur, l'étudiant reste encore au noviciat pendant quatre ans, séparé du reste de la communauté.

Depuis six siècles, l'Ordre n'a cessé de travailler à perfectionner graduellement les études et de les diversifier d'après les besoins de l'Eglise.

Le cours des études est régulièrement de huit ans.

Les deux premières années sont consacrées à la philosophie et aux sciences naturelles. Les six autres à la théologie et aux sciences sacrées, la sainte Ecriture, le droit canon et l'histoire.

C'est la Somme de saint Thomas qui est la base, sinon unique, du moins principale, des études théologiques. La méthode scolastique est employée dans l'enseignement de la philosophie et de la théologie.

Les lecteurs en théologie jouissent dans l'Ordre de grands privilèges, surtout lorsqu'ils sont parvenus par quatorze années d'un enseignement non interrompu, et après un sérieux examen, qui se fait d'ordinaire à Rome, au grade de maître en théologie. Comme tous les jeunes gens n'ont pas les aptitudes requises pour les hautes études dont nous venons de parler, on organise des cours de théologie sérieux mais moins spéculatifs, pour les préparer au saint ministère et à la prédication. La durée de ces études est la même que celles destinées à former les lecteurs.

Le cours des études est terminé par l'examen de lecteur en théologie. Mais ce n'est pas tout : le Domicain, malgré son austère noviciat prolongé durant

(1) Constitution de l'Ordre.

quatre ans, malgré ses huit ans d'études, ne semble pas à l'Ordre suffisamment préparé pour le saint ministère et pour l'apostolat. Il doit subir encore deux épreuves sérieuses, dont l'une, qui a la théologie morale pour objet, lui donne le titre de confesseur, et l'autre, qui a principalement pour objet l'éloquence sacrée, lui donne celui de prédicateur. On sait maintenant comment se forme un religieux dominicain. Certes aucune règle n'a autant multiplié les préparations et les épreuves.

Le Frère Prêcheur est formé ; le jour de l'action est enfin arrivé.

Tout ce que nous avons dit dans les deux chapitres précédents, suffit à donner une idée de la vie intime du Frère Prêcheur. La règle à laquelle il est voué lui prescrit un grand nombre de prières et d'exercices religieux.

L'office du chœur vient interrompre son temps plusieurs fois le jour.

Le travail et l'étude remplissent les heures qui ne sont pas prises par l'exercice du saint ministère. La règle en interdisant, à certaines heures, l'accès des parloirs et même du confessionnal, empêche le dominicain de se laisser entraîner par un zèle louable en lui-même, mais qui peut n'être pas selon la volonté de Dieu.

Les repas se prennent en commun et toujours en silence. Pendant ce temps on fait la lecture. Une récréation d'une heure suit le repas principal, et le soir, la collation est suivie d'environ une demi-heure de conversation.

A neuf heures commence le silence profond. A partir de ce moment jusqu'à prime du lendemain, le silence le plus rigoureux doit être observé. Il est absolument défendu de parler des choses qui ne sont pas tout à fait urgentes.

Quelques religieux, avec la permission du Supérieur, peuvent prolonger le travail ou la prière.

Avant de clore ce chapitre, disons un mot du gouvernement de l'Ordre. Un chef unique (1) sous le

(1) Père Lacordaire. Mémoire pour le rétablissement en France de l'Ordre des Frères-Prêcheurs, ch. II.

nom de Maître général gouverne tout l'Ordre divisé en provinces. Chaque province, composée de plusieurs couvents, met à sa tête un Prieur provincial, et chaque couvent un Prieur conventuel. Le Prieur conventuel, élu par les Frères du couvent, doit être confirmé par le Prieur provincial. Le Prieur provincial est élu par les Prieurs conventuels de la province, assistés d'un délégué de chaque couvent. Il est confirmé par le Maître général. Celui-ci est élu par les Prieurs provinciaux, assistés de deux députés de chaque province. Ainsi l'élection est tempérée par la nécessité de la confirmation, et à son tour l'autorité de la hiérarchie est tempérée par la liberté du vote.

On remarque une conciliation analogue entre le principe de l'unité si nécessaire au pouvoir et celui de la multiplicité nécessaire aussi pour une autre raison ; car le chapitre général, qui s'assemble tous les trois ans, fait le contre-poids du Maître général, comme le chapitre provincial, qui s'assemble tous les deux ans, fait le contre-poids du Prieur provincial ; enfin le commandement, tout modéré qu'il soit par l'élection et les assemblées, n'est confié aux mêmes mains que pour un temps limité. Le Maître général, qui autrefois était élu à vie, l'est aujourd'hui pour douze ans. Le Provincial est élu pour quatre ans et le Prieur conventuel pour trois.

Chaque religieux, dit un mémoire publié pour défendre les Ordres religieux en France (1), jouit dans l'Ordre des Frères Prêcheurs d'une parfaite autonomie qui n'est pas entravée par une formation ou direction uniforme et absolue. Il garde en tout sa physionomie personnelle et rien ne ressemble moins à un Dominicain qu'un autre Dominicain au point de vue de la personnalité, mais aussi rien ne ressemble plus à un Dominicain qu'un autre Dominicain au point de vue de l'observance des trois vœux de religion et de la pratique uniforme de la discipline religieuse et monastique.

(1) Paris. Poussielgue 1880. Ce Mémoire consacre quelques pages à chacun des grands Ordres religieux.

DEUXIÈME PARTIE

L'Ordre considéré dans son histoire

CHAPITRE I

Développements successifs.

Aucun homme depuis les apôtres n'avait pu contempler en aussi peu de temps une plus belle création de son amour et un plus beau fruit de son cœur (1), que le Patriarche des Frères Prêcheurs. Saint Dominique avait dispersé ses seize religieux, le jour de l'Assomption 1217. Ils s'étaient partagé l'Europe.

Quatre ans après, le saint rassemblant dans un chapitre général les principaux membres de son Ordre put y voir les représentants de huit provinces. Elles renfermaient 60 couvents et des milliers de religieux, car certains couvents en comptaient alors déjà plus de cent.

L'impulsion venait d'une main puissante, parce qu'elle était sainte et bénie. Frère Jourdain de Saxe, le second maître de l'Ordre, donna de sa main l'habit à plus de mille religieux et fonda plus de 400 couvents.

De nouvelles provinces furent bientôt créées. Au bout de quelques années, il y en avait 45 ; et plusieurs, comme l'Espagne, possédaient près de 50 maisons. Un siècle après, c'était, comme le dit un écrivain, tout un peuple, et trois siècles après, une multitude de peuples qui se rangeaient sous la bannière de saint Dominique.

Un religieux, chargé en 1222, par le chapitre géné-

(1) Père Félix, *loc. citato.*

ral de Paris, de se rendre en Palestine, établit 46 couvents dans l'île de Chypre et 18 en Terre Sainte. En 1245, l'Ordre comptait plus de 30.000 membres.

En 1253, le pape Innocent IV commençait comme suit une lettre adressée à notre Ordre : « A nos chers fils les Frères Prêcheurs qui prêchent dans la terre des Sarrasins, des Grecs, des Bulgares, des Crimiens, des Ethiopiens, des Syriens, des Goths, des Jacobites, des Indiens, des Tartares, des Hongrois, etc. Salut et bénédiction apostolique (1). » Le pape Urbain IV disait en 1262, que les Frères Prêcheurs éclairaient l'Eglise entière par leurs mérites et leurs exemples.

Au moyen âge il n'y avait guère de ville de quelque importance qui ne comptât un et souvent plusieurs couvents de Dominicains. On était si désireux de les posséder, qu'on vit souvent des villes se soulever pour retenir de force des Dominicains envoyés pour fonder ailleurs. Le cas s'est notamment présenté à Lille, où le magistrat fit fermer les portes de la ville pour empêcher les Frères Prêcheurs d'aller à Gand.

Cette propagation qui tient du prodige ne fut pas le fruit d'un premier moment d'enthousiasme produit par la nouveauté, mais la conséquence de l'estime de l'Eglise et des peuples pour un Ordre qui répondait non seulement aux besoins du XIIIe siècle, mais aux besoins des siècles qui l'ont suivi.

Au XVe siècle, l'Ordre de saint Dominique comptait 400 couvents (2). Après cinq cents ans d'existence, à la fin du XVIIIe siècle, il y avait dans le grand Ordre seul, plus de 40.000 membres (3).

Depuis la fondation des Frères Prêcheurs, bien des révolutions ont bouleversé le monde et y ont amoncelé des ruines. L'Ordre est resté debout sur ces ruines et il semble renaître de ses cendres. Si la persécution le chasse d'un pays, il fleurit dans dix autres. Il serait assurément difficile de trouver sur la carte, un seul

(1) Bullarium, 1, 80.

(2) Acta capit. gen. Ordinis.

(3) Recensement fait par ordre du 57e successeur de saint Dominique, le Révérendissime Père Antonin Cloche.

pays dont le sol, pour inhospitalier qu'il soit, n'ait été foulé par le pied des enfants de saint Dominique.

Non seulement l'Italie, la France, l'Autriche, la Belgique, mais les pays schismatiques et protestants, la Russie, la Turquie, l'Angleterre, l'Allemagne, en un mot tous les pays de notre Europe, possèdent des couvents.

L'Asie et l'Amérique ont vu et voient encore des centaines de religieux dominicains travaillant avec une infatigable ardeur à la propagation de la foi dans ces contrées.

Grâce à Dieu, on les trouve partout, et s'il faut ajouter foi à une prophétie de sainte Thérèse (1), on les y retrouvera toujours.

Ce que nous venons de dire du développement du premier Ordre — les Frères Prêcheurs proprement dits — s'applique au second et au troisième Ordre.

Pour nous borner à des chiffres, rappelons que, en 1717, il y avait en Europe au delà de 600 monastères de Dominicaines et qu'il y a actuellement en Amérique plus de 5.000 religieuses appartenant à cet Ordre. Quant aux Tertiaires, Dieu seul en connaît le nombre, car il y en a partout, dans toutes les classes de la société. Le Sacré Collège en compte plusieurs dans son sein, et bien des familles royales se glorifient de voir leurs membres porter les insignes du tertiaire dominicain (2).

Un fait remarquable, et remarqué par beaucoup d'historiens, c'est la manière dont l'Ordre a traversé les siècles. La plupart des Ordres anciens, on pourrait dire tous, ont subi des réformes et se sont divisés en plusieurs branches.

Celui de saint Dominique s'est étendu sur la terre entière sans qu'un rameau se soit détaché du tronc auquel il dut la fécondité et la vie.

Après six siècles de combats et de gloire, il marche à la conquête des âmes, sous un seul et même drapeau, sous un seul et même général.

(1) Citée dans les Actes de Canonisation, chap. xxx.

(2) Voir notre opuscule sur le Tiers-Ordre de saint Dominique. Bruxelles. Goemaere. Seconde édition, chapitre III, *Les gloires*.

CHAPITRE II

Travaux des Frères Prêcheurs comme Prédicateurs.

Si l'on se reporte aux origines, on voit que la prédication est le but principal visé par son fondateur; qu'il voulut fonder, et fonda en effet une société de Prêcheurs.

Fidèles à la pensée de leur Patriarche, les Dominicains ont mis au service de la vérité leurs travaux et leur sang.

Raconter l'histoire des missions dominicaines serait raconter l'histoire de la propagation de la foi, dans les deux mondes depuis le XIIIe siècle. Dans l'ancien monde, nous les trouvons au Midi, chez les Maures et les Arabes, au Nord, en Irlande, en Ecosse, en Suède, en Russie et jusqu'au Groenland. Partout se sont continués le zèle et l'ardeur de saint Dominique, qui, lui aussi, voulait aller évangéliser les Cumans.

En 1222, au chapitre général, le B. Jourdain de Saxe, second général de l'Ordre, ayant demandé à ses frères qui d'entre eux voulait partir pour les missions étrangères, tous se jetèrent à ses genoux, en s'écriant: « Père, envoyez-moi. »

Un siècle plus tard, en 1325, sous le pape Jean XII, on créa une congrégation particulière de « voyageurs pour Jésus-Christ chez les infidèles ». Il se présenta une si grande multitude de frères pour y entrer que le Souverain Pontife dut intervenir afin d'empêcher que les couvents de l'Europe ne fussent complètement dépeuplés.

Qu'on ne nous demande pas de dire les peuples évangélisés par les Dominicains; il est difficile d'en trouver un qui ne se trouve sur la glorieuse liste de leurs missions. Il serait plus difficile encore de rappeler les noms de ces apôtres qui quittaient tout pour s'élancer dans la voie de l'apostolat. La plupart ne sont connus que de Dieu et de ses anges. Citons-en quelques-uns cependant:

C'est saint Hyacinthe, l'apôtre du Nord, qui prêcha Jésus-Christ dans la Pologne, la Bohême, la grande et la petite Russie, la Suède, les rives de la mer Noire et les côtes de l'Asie Mineure (1).

C'est le B. Sadoc, qui, après avoir travaillé à convertir les Tartares, tomba, avec ses quarante compagnons, victime de leur fureur. Ils furent massacrés pendant le chant du *Salve Regina*, par lequel se termine l'office de Complies.

C'est saint Pierre de Vérone qui reçut l'habit des mains de saint Dominique et opéra par ses prédications d'innombrables conversions. Blessé à mort par les hérétiques, il mourut en écrivant sur le sol avec le sang de ses blessures : « *Je crois en Dieu*. »

C'est Jean de Vicence qui, par l'ascendant de sa parole, réconciliait des peuples ennemis, et qui, s'élançant plusieurs fois sur le champ de bataille, empêcha les armées d'en venir aux mains.

C'est saint Vincent Ferrier, qui fut non seulement l'apôtre d'une province ou d'un pays, mais de l'Europe entière. Dans presque chaque ville et chaque village de l'Espagne, de la France, de l'Italie, de l'Ecosse, de la Flandre, il prêcha avec un succès dont il n'y a pas d'exemple dans l'histoire. Une foule immense, avide de sa parole, le suivait partout, et tous les jours, à des heures réglées, il guérissait les malades qui lui étaient présentés (2).

C'est Jérôme Savonarole, un des hommes les plus éloquents que l'Ordre de saint Dominique ait produit. Nous ne voulons pas le canoniser, puisque l'Eglise ne l'a point fait ; mais nous croyons pouvoir dire, avec le Père Lacordaire, que « sa vertu et sa gloire s'élèvent plus haut que les flammes de son bûcher ». Savonarole peut avoir commis des fautes, mais il restera toujours vrai que Paul III déclara regarder comme suspect d'hérésie quiconque oserait en accuser Savonarole, et que Benoît XIII le jugeait digne de compter parmi les bienheureux serviteurs de Dieu.

(1) Selon un grand nombre d'historiens, il pénétra en Amérique par le Groenland.

(2) Bulle de sa canonisation.

A la fin du xve siècle, la découverte du Nouveau Monde ouvrit un immense champ au zèle des Frères Prêcheurs.

Notons d'abord que ce fut un religieux de l'Ordre, le P. Diego de Deza, confesseur de Ferdinand le Catholique et ami de Christophe Colomb, qui obtint du souverain l'équipement de la flottille qui porta l'illustre capitaine vers le Nouveau Monde.

Les Frères Prêcheurs se glorifient d'avoir porté les premiers le flambeau de la foi dans l'Amérique. Le pape Clément X leur rend solennellement ce témoignage dans la bulle de canonisation de sainte Rose de Lima, la première fleur de sainteté que l'Eglise ait cueillie dans le Nouveau Monde pour la placer sur les autels. Aussi le Souverain Pontife la donna-t-il pour patronne à l'Amérique. Ces fleurs n'ont pas cessé de s'épanouir sur cette terre, et Grégoire XVI a béatifié, il y a peu d'années, deux religieux dominicains, les bienheureux Martin de Porrès et Jean Massias (1).

Les progrès de l'Ordre en ce pays furent prodigieux. La province du Pérou donna à l'Amérique trente-six évêques, dont plusieurs versèrent leur sang pour la foi ou moururent en odeur de sainteté. Le V. Père Vincent de Valuerve fut à la fois le premier évêque et le premier martyr du Pérou. Dans les seules provinces de la Nouvelle Espagne, du Chili et de la Nouvelle Grenade, il y eut bientôt 213 couvents. C'est alors que fleurit l'apôtre et le patron des Indes Occidentales (2) saint Louis Bertrand, l'un des plus étonnants thaumaturges que l'Ordre ait produit.

Malheureusement les Dominicains ne furent pas les seuls conquérants de l'Amérique, dont les nouveaux maîtres se montrèrent durs et inhumains. Des aventuriers, la lie de l'Ancien Monde, traitaient ces populations comme de véritables troupeaux. Pour justifier ces cruautés, on publia un mémoire afin de démontrer que les Indiens étaient incapables de recevoir le

(1) Tout le monde connaît le panégyrique du B. Martin prononcé par le P. Ventura et que l'illustre Théatin appelait son trésor.

(2) Bull. Ord. VI, 274.

baptême « parce que pour devenir chrétien il fallait d'abord être homme ».

Les Dominicains répondirent par un plaidoyer qu'ils envoyèrent au Pape Paul III. Celui-ci déclara les Indiens aussi dignes que les autres hommes de la foi chrétienne, des sacrements de l'Eglise et de la liberté.

Un de ceux qui se rendirent le plus célèbres dans cette lutte, est l'immortel Barthélemy de Las Casas. Huit fois il traversa l'Océan pour plaider la cause des Indiens.

Les rois d'Espagne le renvoyèrent chargé de promesses, d'honneurs, et lui donnèrent le titre de protectecteur général des Indiens. Il ne cessa de lutter, jusqu'à son dernier souffle, contre la cupidité et la cruauté des Espagnols.

Il mourut à 92 ans, peu de jours après avoir élevé la voix au conseil de Castille, pour conjurer les rois de faire cesser ce navrant état de choses. Il expira en écrivant le célèbre et fameux traité de la tyrannie des Espagnols dans les Indes. C'est un des plus grands noms de l'humanité et une de nos gloires les plus pures (1).

Que de choses à dire encore sur les missions dominicaines !

D'après la plupart des historiens, c'est en 1550 que le Dominicain Gaspard de la Croix eut la gloire de mettre le pied en Chine. Le premier martyr dans ce pays fut le V. Père de Capillas, dominicain, dont l'héroïsme fut imité par un grand nombre de ses frères qui versèrent leur sang pour la foi. Depuis le XIIIe siècle, du reste, l'Asie avait été évangélisée par des missionnaires de l'Ordre (2) qui s'étendit en Asie aussi glorieusement et aussi rapidement qu'en Amérique. Une des plus belles missions, mais aussi l'une des plus meurtrières, fut celle du Tonquin et des Philippines. Les quatre derniers évêques

(1) *Histoire des Dominicains en Amérique*, par le R. P. Marie Augustin Rose. Paris, Poussielgue, 1873. Cet ouvrage contient de nouveaux, nombreux et intéressants détails.

(2) *Missions dominicaines dans l'Extrême-Orient*, par le P. André Marie Meynard, des Frères Prêcheurs. 2 vol. Paris, Bunez, 1863.

dominicains de cette mission et beaucoup de leurs religieux ont cueilli la palme du martyre (1). Depuis 1216, il ne s'est jamais passé dix ans sans que le sang dominicain ait été versé pour l'Eglise.

Le chapitre général de Valence fit dresser la liste des martyrs donnés par l'Ordre à l'Eglise de 1234 à 1335 ; elle contenait 13.370 noms, et l'histoire nous apprend qu'au XVIe siècle, 26.000 enfants de saint Dominique empourprèrent leur robe blanche de leur sang.

Cet Ordre n'a-t-il pas le droit de chanter : *Te martyrum candidatus laudat exercitus*, « la blanche armée des martyrs célèbre vos louanges, ô mon Dieu ? »

A côté de ces grandes et belles pages de l'histoire de l'apostolat dominicain viennent s'en placer d'autres moins éclatantes peut-être, mais non moins dignes de notre attention.

L'œuvre de la prédication chez les nations chrétiennes n'offre peut-être pas de difficultés moins grandes que chez les infidèles. Depuis le XIIIe siècle, que d'hérésies se sont levées ! Nous n'hésitons pas à le dire, l'Ordre de la vérité a été toujours à la hauteur de sa mission. Il a résisté, avec une infatigable ardeur, à tous les ennemis de la religion.

A côté de ces luttes contre l'hérésie viennent s'en placer d'autres plus difficiles et plus prolongées contre l'impiété, l'affaiblissement de la foi et l'envahissement de l'indifférence.

Les Frères Prêcheurs ont combattu ces nouveaux ennemis sans trêve ni merci. Les générations qui se se sont succédé ont toutes recueilli sur les lèvres des Frères Prêcheurs les paroles de la vie et de la fécondité.

Que de noms illustres nous pourrions citer ici : quelle glorieuse pléiade de Frères Prêcheurs s'est dévouée à cet apostolat. Parcourez les annales de l'Eglise et à chaque page vous rencontrerez de ces noms bénis, que l'Eglise prononce avec reconnaissance et vénération... Que de saints missionnaires placés par

(1) Léon XIII a déclaré bienheureux Mgr Delgado et un grand nombre d'autres martyrs du Tonquin dont la plupart appartiennent à l'Ordre. L'*Année dominicaine* a conservé les actes de nos martyrs du XIXe siècle.

elle sur les autels parce qu'ils ont été de véritables et bons Frères Prêcheurs !

Un seul nom pour clore ce chapitre, c'est celui du Père Lacordaire que Mgr de Quelen appelait un prophète nouveau et qui fut la voix la plus éloquente de son siècle (1).

—

CHAPITRE III

Destinée de l'Ordre dans les Sciences et les Arts.

Un des privilèges les plus précieux que le Saint-Siège ait conféré à saint Dominique et à son Ordre, c'est incontestablement le droit d'enseigner.

Le moyen le plus sûr d'acquérir la considération si nécessaire à un Ordre naissant, c'était la science, et le moyen le plus infaillible de se faire un nom dans la science, c'était de prendre place dans les universités.

Mais ce n'était pas chose facile à des religieux d'entrer dans les universités du moyen âge. L'histoire raconte les combats que les Dominicains eurent à soutenir avant d'obtenir des chaires à celle de Paris. Heureusement l'Ordre avait pour champion saint Thomas d'Aquin, et finalement le Pape, d'accord avec le roi saint Louis, fit donner deux chaires aux Frères du grand docteur.

Dans toutes les grandes questions théologiques qui ont agité le monde, nous trouvons au premier rang, les Dominicains appuyés sur la doctrine de saint Thomas, si orthodoxe que le pape Innocent VI déclare suspect d'erreur celui qui ose la contredire.

Cet enseignement s'est perpétué dans toutes les grandes universités. Bologne, Madrid, Padoue, Oxford, Louvain et bien d'autres ont tenu à l'honneur de voir plusieurs de leurs chaires occupées par des enfants de saint Dominique.

Dans le Nouveau Monde, l'université de Lima, celle

(1) Père Félix, Conf. de N.-D., 9 mars 1869.

de Manille et plusieurs autres furent fondées par des Frères Prêcheurs. Les chaires en furent occupées par des religieux souvent illustres par leur science et par leurs vertus.

Qui ne connaît le bienheureux Albert-le-Grand, un des hommes les plus savants qui aient jamais paru, qui scruta les sciences divines et humaines, la physique, la chimie, l'architecture, l'art militaire, l'agriculture, etc., la philosophie dans toutes ses parties, l'Ecriture sainte, la patristique, la théologie, l'ascétisme. Ses écrits étaient si nombreux qu'il faudrait, disait-on, une vie d'homme pour les copier. Il vit des évêques, des prélats, des princes, des rois, des religieux de tous les Ordres mêlés à la foule des auditeurs. On accourait de toute part à ses leçons et bientôt le nombre des auditeurs devint si considérable qu'aucun local ne fut assez vaste pour les contenir. Il fut forcé de donner son cours sur une place publique qui conserve encore aujourd'hui son nom et le souvenir de sa gloire.

Mais le principal titre du B. Albert-le-Grand à la reconnaissance de l'Ordre et de l'Eglise, c'est d'avoir formé l'ange de l'école, saint Thomas d'Aquin. Tous nos lecteurs connaissent saint Thomas et ont entendu parler de la splendeur et de la fécondité de son génie. Les Souverains Pontifes l'ont comblé d'éloges, disant qu'à lui seul il éclairait l'Eglise plus que tous les docteurs réunis et qu'en une seule année on profite davantage avec ses livres que pendant une vie tout entière avec ceux de tous les autres (Jean XXII). « Quiconque, a dit Innocent VI, combat la doctrine de Thomas, est suspect d'erreur. »

« Saint Thomas, c'est le soleil de l'Eglise » (Benoît XIII) « le prince des théologiens et l'intelligence qui, par sa lueur tranquille et sa céleste sérénité, est la plus rapprochée du Verbe de Dieu » (R. P. Félix).

Un des plus grands mérites de saint Thomas, c'est non seulement l'étendue de ses œuvres, mais leur profondeur étonnante et leur simplicité. Le moyen âge et l'Eglise ont salué en lui, en quelque sorte, le fondateur de la théologie. Jusqu'à lui, en effet, aucun auteur n'avait exposé d'une manière complète et suivie l'ensemble des dogmes de la foi, ce que fit saint Thomas dans sa *Somme théologique,* le livre le plus étonnant qui soit sorti de la main de l'homme, car l'Ecriture sainte est sortie de la main de Dieu (P. Possevin, S. J.) Inutile de rappeler ici l'Encyclique *Œterni patris* de Léon XIII et le *Motu proprio* du 4 août 1880 par lequel le Pontife proclame saint Thomas patron de toutes les écoles catholiques.

Ce qu'a été saint Thomas pour la théologie, saint Raymond de Pennafort l'a été pour le droit canon. Il fut chargé par le pape Grégoire IX, dont il était le confesseur, de réunir dans un seul code toutes les lois et décrets publiés jusqu'au XIIIe siècle en les abrégeant et en les coordonnant. C'était, on le comprend, un immense et difficile travail. Dieu donna au saint une vie assez longue et assez d'énergie pour assurer à son Ordre la gloire d'avoir un de ses enfants pour rédacteur, et on peut dire pour auteur, du code canonique de l'Eglise.

Malgré ce travail herculéen, saint Raymond écrivit plusieurs autres ouvrages et gouverna, comme général, l'Ordre de saint Dominique pendant plusieurs années avec une sagesse et une prudence consommées.

A cette même époque, un autre Dominicain fit sur la sainte Ecriture un travail extraordinaire ; plusieurs historiens rapportent que 500 religieux de l'Ordre durent lui venir en aide pour le mener à bonne fin. Ce travail était la concordance de la Bible, c'est-à-dire un index contenant tous les mots de l'Ancien et du Nouveau Testament, et l'indication des endroits de l'Ecriture où ils sont écrits. A partir de ce moment les études scripturaires prirent un nouvel élan.

Saint Antonin, que ses contemporains appelaient un autre saint Thomas, *Alter Aquinas,* composa la première somme de théologie morale, c'est-à-dire des cas de conscience à l'usage des confesseurs. Ce travail fut l'objet de longues années et valut à son auteur le nom « d'Antonin des Conseils », *Antonius consiliorum.* Il a servi de base aux mille travaux de ce genre publiés depuis. C'est à cette œuvre magistrale que tous les moralistes ont puisé et puisent encore tous les jours comme à une source inépuisable.

Melchior Cano, de l'avis de tous, composa le premier traité de théologie générale, appelé aussi des « Lieux théologiques ». C'est, dit un illustre historien, le bons sens même élevé à la plus haute puissance par la science chrétienne.

Vincent de Beauvais écrivit, au XIIIe siècle, la *Bibliothèque du monde,* œuvre gigantesque, dit Rohrbacher, qu'il exécuta seul et qui, pour la beauté de l'ensemble et l'intérêt des détails, l'emporte sur les encyclopédies modernes. Il rassembla en un seul livre tout ce que les hommes savaient jusqu'alors sur la nature, les sciences, les arts et l'histoire de l'humanité.

On le voit, dans toutes les sciences sacrées, brillent les Frères Prêcheurs : depuis le bienheureux Albert-le-Grand et saint Thomas qui marchent à la tête des philosophes et des théologiens, jusqu'à saint Antonin, qui est en quelque sorte le premier moraliste, et saint Raymond, le créateur du droit canon ; chose digne de remarque, tous ces savants étaient en même temps des saints.

L'Ordre de Saint-Dominique ne s'est pas contenté de poser, par la main de ses fils, les assises immortelles de la vraie science. Il n'a cessé depuis six siècles de fournir des matériaux pour agrandir et soutenir le temple qu'elle ne cesse d'élever à la gloire du Dieu vivant. Mais c'est surtout dans les sciences sacrées qu'il s'est illustré.

Plus de 700 écrivains ont laissé des commentaires sur la sainte Ecriture, 2.500 docteurs au moins ont écrit sur quelqu'une des sciences ecclésiastiques, et encore, que de religieux ont laissé des contributions à la philosophie, le droit canon, l'histoire, etc.

Ce serait une immense bibliothèque que celle des livres dont les Frères Prêcheurs ont enrichi les sciences et les arts depuis six siècles. Il en est beaucoup qui ont laissé plus de 25 volumes et on en connaît qui en ont écrit près de cent (1).

(1) D'après un calcul approximatif, les Dominicains ont écrit plus de 40.000 volumes.

Au XVIIIe siècle on a dressé la liste des écrivains de l'Ordre (1) ; elle renferme plus de 4.000 noms ; cependant elle s'arrête en 1720 et n'est pas complète. Ceux de nos lecteurs qui veulent se faire une juste idée de ce que l'Ordre a fait pour justifier la gloire doctrinale qui s'attache à son nom, n'ont qu'à parcourir les tables qui terminent cet ouvrage. Ils y verront non seulement bien des noms illustres, mais ils seront frappés de la variété des matières qu'ils ont traitées.

C'est donc avec raison que Pie IX disait, en 1862, aux religieux du chapitre général (2) : « L'Ordre de Saint-Dominique doit assister l'Eglise par la doctrine. Il a été toujours l'Ordre de la doctrine et d'un grand secours à l'Eglise. Cet Ordre qui a produit tant de saints et tant d'hommes illustres de tout genre s'est toujours mis au premier rang pour la défense de l'Eglise. »

Mais il est une autre manière d'exprimer le vrai, le beau : c'est l'art. Au moyen âge les beaux-arts n'étaient guère exercés que par les gens d'Eglise. Les cloîtres cachaient d'ordinaire des architectes, des sculpteurs, des artistes de tout genre, qui élevaient leur art à la hauteur d'un enseignement moral et religieux, à la hauteur d'un véritable apostolat.

« Aucun ordre, dit un écrivain compétent (3), ne compte comme le nôtre autant d'illustres architectes, de peintres sur toile ou sur verre et de marqueteurs. Ce sont nos pères qui ont formé Raphaël et Bramante. Nous les voyons travailler aux dômes de Pise, de Milan et à la coupole de Saint-Pierre, jeter des ponts sur la Seine, l'Arno, etc., diriger des ouvrages fort difficiles d'hydraulique, des constructions militaires, des sièges : aucun art ne leur était étranger. Qui ne connaît Santa Maria Novella de Florence, cette église que Michel-Ange allait voir tous les jours, dont il

(1) *Quétif et Echard*, *Scriptores Ordinis Prædicatorum*, *Lutetiæ Parisiorum*, 1725, 2 vol. in-fol. de 1.000 p. chacun. Un religieux chargé de rééditer cet ouvrage et de le continuer jusqu'à nos jours a déjà trouvé plus de mille noms à ajouter à la glorieuse liste dont nous parlons.

(2) *L'Année Dominicaine*. (Juillet 1862.)

(3) Le Révérend Père Marchèse, dans l'ouvrage cité ci-dessous.

disait qu'elle était belle et pure comme une fiancée. Cette église fut bâtie par des religieux Dominicains sans l'assistance d'aucun séculier.

C'est surtout par ses peintres que l'Ordre s'est fait un nom dans l'histoire des beaux-arts.

Fra Angelico et ses inimitables chefs-d'œuvre, qui élèvent l'âme dans un monde idéal, est connu de tous. Il ne peignait qu'à genoux et les larmes dans les yeux, les images de Notre-Seigneur et de sa sainte Mère. Aussi Michel-Ange disait-il de lui : « Ses figures n'ont pu être peintes que par quelqu'un qui les a vues dans le Ciel. »

Il y avait à cette époque en Italie et surtout à Florence, toute une pléiade d'artistes dominicains. Tous ceux qui s'occupent d'art connaissent Fra Bartholomeo, Fra Benedetto et cent autres religieux de notre Ordre. Les couvents de Florence et de Fiesole, le palais du Vatican, sans parler d'un grand nombre d'églises, renferment des chefs-d'œuvre dus aux pinceaux des artistes dominicains.

Ce qu'il y a de remarquable, c'est que tous ont compté l'art parmi les choses divines et l'ont honoré par une sainte vie (1). Le B. Jean Dominique recommandait à ses frères de cultiver la peinture, parce que c'était un moyen puissant d'élever les âmes vers Dieu et de développer les saintes passions du cœur.

Ces traditions artistiques se transmirent de génération en génération. De nos jours encore nous les voyons en honneur parmi nous, et les expositions universelles les plus récentes ont décerné de flatteuses récompenses à des objets d'art, produits du génie dominicain.

Tous ceux qui ont visité Rome ont admiré les fresques du couvent des Saints-Dominique et Sixte, œuvres du P. Besson, l'un des premiers disciples du P. Lacordaire. « Si une mort prématurée, dit le marquis de Ségur (2), n'eût ravi ce religieux à son Ordre et aux arts, il eût été le Fra Angelico de notre temps. Son

(1) Le nom d'un grand nombre de ces artistes dominicains est arrivé jusqu'à nous entouré de l'auréole des Bienheureux.

(2) *Souvenirs et impressions d'un voyage à Rome*. Paris, Bray, 1872.

œuvre est une des plus parfaites au point de vue esthétique que notre siècle ait produite. »

Nous pouvons donc l'affirmer, aucun Ordre religieux n'a donné à l'art chrétien autant d'artistes que celui des Frères Prêcheurs. Pour qu'on ne nous taxe pas d'exagération, nous renvoyons à un ouvrage publié au siècle dernier sur les plus célèbres peintres, sculpteurs et architectes dominicains (1). « N'oublions jamais, dit l'auteur de ce remarquable travail, que l'Ordre de Saint-Dominique a vivifié les arts par de nobles et sublimes sentiments. Celui qui ne peut pas parler du haut de la chaire dans les églises et dans les écoles a parlé avec le ciseau ou le pinceau. Nous nous glorifions d'avoir sauvé les arts au jour où ils allaient devenir la proie d'une barbare dévastation. Nous les avons réchauffés à la brûlante haleine de nos cœurs. Nous les avons cultivés pour qu'ils servent à l'honneur de l'Eglise catholique et à la gloire de Dieu. »

CHAPITRE IV

Gloires Dominicaines dans l'ordre contemplatif.

Il résulte clairement de ce que nous avons dit que l'Ordre de Saint-Dominique a été partout et toujours fidèle à la pensée et à l'impulsion de son fondateur et que pendant plus de six siècles, il a travaillé au salut des âmes avec une indéfectible ardeur. Il a illuminé l'Eglise par ses docteurs ; ses membres ont porté dans toutes les parties du monde le flambeau de la foi.

Mais tous ces travaux n'ont point épuisé la sève de l'arbre. Les cloîtres dominicains ont été les témoins de merveilles plus grandes encore, parce qu'elles se produisaient dans un ordre plus élevé, l'ordre surnaturel et divin, l'ordre contemplatif.

(1) P. Marchèse. *Memorie dei piu insigni pittori, scultori e architetti Dominicani*. Firense, 2 vol. 4e édition.

Saint Antonin rapporte que le Dominicain de son temps passait d'ordinaire la journée tout entière à l'église quand il n'était pas en prédication. Lorsque le portier avait besoin d'un religieux, c'était à l'église qu'il commençait par le chercher.

Que de suaves et saisissants tableaux nous pourrions mettre ici sous les yeux de nos lecteurs ! Que de fleurs écloses dans le jardin de saint Dominique ! Que de prédicateurs illustres furent en même temps de sublimes contemplatifs !

A leur tête nous devons placer saint Dominique qui passait ses nuits dans la prière ou plutôt dans l'extase. Comme le disait le vénérable Humbert, « il donnait le jour tout entier au prochain et toute la nuit à Dieu ».

Saint Louis Bertrand, l'apôtre des Indes, se préparait à son apostolat en exerçant pendant des années la charge de maître des novices.

Saint Vincent Ferrier, malgré ses immenses travaux apostoliques, nous a laissé sur la vie ascétique de solides écrits et notamment un traité sur la vie spirituelle qui est un véritable chef-d'œuvre.

Une des plus ravissantes et des plus aimables figures ascétiques de notre Ordre est celle du B. Henri Suzo.

Rien n'est plus poétique que cette vie : c'est l'épopée d'une âme qui veut s'unir à Dieu. Son enfance spirituelle se passe dans la douceur des chants joyeux, souvent en compagnie des anges, des dévotions suaves, des visions quotidiennes, des extases délicieuses. Puis lorsque son cœur déborde d'amour, viennent des austérités effrayantes, des épreuves de tous genres. Cet homme aimait passionnément la souffrance. Son principal ouvrage, le livre de la *Sagesse éternelle* était répandu au moyen âge, comme l'*Imitation* l'est de nos jours. Des traductions de cet ouvrage et de tous les autres écrits, tombés plus de son cœur que de sa plume, ont été faites en toutes les langues. Tout cela ne l'empêchait pas d'être un des plus célèbres prédicateurs de son époque. On l'appelle communément le *docteur extatique*.

Tauler, le *docteur illuminé*, est aussi un des grands mystiques du moyen âge. « Tauler et Suzo furent, dit le vicomte de Bussière (1), des génies puissants. Ils firent faire de grands progrès à la science contemplative et contribuèrent à lui faire prendre un prodigieux essor. » Les œuvres du vénérable Louis de Grenade, traduites en quatorze langues, sont entre les mains de tous. On l'appelle le Bossuet de l'Espagne. Saint François de Sales recommandait à tous les prêtres de faire des œuvres de Grenade leur second bréviaire. Saint Charles Borromée ne se servit jamais d'un autre ouvrage pour se préparer à la prédication, et le pape Grégoire XIII disait que Louis de Grenade avait fait par ses écrits plus de miracles qu'en rendant la vue aux aveugles et ressuscitant les morts.

Que de religieux ont marché ou plutôt ont volé, par les voies extraordinaires, vers le sommet de la plus haute perfection. Le Bréviaire dominicain immortalise les noms et les vertus de ces âmes élevées, sur les ailes de l'extase, vers la plus sublime contemplation, et les grâces extraordinaires dont Dieu récompense leur renoncement aux choses de la terre.

Sainte Catherine de Sienne tient assurément une des premières places dans le cortège des Contemplatives. Dieu l'a comblée de faveurs plus étonnantes les unes que les autres. Il l'a épousée dans un mystique mariage, a échangé son cœur divin contre celui de sa servante, et imprimé dans sa chair virginale les stigmates sacrés de la passion. Catherine de Sienne n'est pas la seule qui reçut cette insigne faveur, puisque nos annales rapportent le nom de soixante enfants de saint Dominique qui ont été stigmatisés (2).

Mais cette illustre vierge, appelée communément la vierge séraphique, est plus célèbre pour avoir non seulement laissé de nombreux écrits, mais toute une école.

(1) *Fleurs Dominicaines ou les Mystiques d'Unterlinden*. Introduction. Le P. Denifle, O. P., a publié un excellent ouvrage sur la Mystique dominicaine.

(2) On admet en tout 140 cas de stigmatisation constatée dans le cours des siècles. Les stigmatisés ont surtout appartenu aux Ordres religieux. L'Ordre de saint Dominique marche en tête avec soixante cas : celui de saint François le suit avec quarante. — Voir dans le Bréviaire dominicain, les offices de Sainte Catherine de Ricci, des Bienheureuses Stephanie, Lucie et Catherine de Racconigi.

Ses écrits ont été proclamés inspirés, par l'Eglise qui l'a appelée « le théologien de l'amour », et peuvent soutenir la comparaison avec les œuvres de sainte Thérèse. Si ses œuvres ne sont pas aussi populaires dans notre pays, c'est qu'elles ont été longtemps sans traduction (1).

Sainte Catherine de Ricci est moins connue, bien qu'elle soit digne de l'être. Notre-Seigneur échangea aussi son cœur avec elle, et peu après décora sa chair des plaies de la passion. Durant plusieurs années, elle eut chaque semaine cette mystérieuse extase de 28 heures, dont parlent avec admiration tous les auteurs mystiques. Depuis le jeudi à midi jusqu'au vendredi soir, elle assistait au drame douloureux de la mort du Sauveur.

L'extase terminée, elle en sortait comme un vaillant soldat revient du champ de bataille, le corps tout couvert des blessures reçues dans ce mystique combat de l'amour et de la souffrance. On pouvait reconnaître sur toute sa personne les traits sanglants de la ressemblance avec son époux crucifié, par les marques sensibles de la flagellation, du couronnement d'épines, du crucifiement, et jusque dans la trace des cordes avec lesquelles on l'avait lié et descendu de la croix.

Une autre gloire dominicaine, c'est sainte Agnès de Monte-Pulciano, qui eut avec Notre-Seigneur et sa sainte Mère les plus fréquentes et les plus intimes communications.

Sainte Rose de Lima, la première fleur que l'Eglise cueillit dans le Nouveau Monde, est encore une de ces gloires. Il y a dans cette vie des pages ravissantes, respirant la plus délicieuse poésie. A cinq ans, elle fit vœu de virginité perpétuelle, et son cœur devint un jardin fermé, où le divin Maître prenait ses délices. « Rose de mon cœur, lui dit-il un jour, sois mon épouse ! »

Citons encore un nom, celui de la Bienheureuse

(1) Il y a dans l'Ordre beaucoup d'extatiques qui sont à la fois des écrivains mystiques comme le B. Henri Suzo, la sœur Hippolyte Rocaberti.

Imelda Lambertini, de la famille du pape Benoît XIV.

Il n'est peut-être pas de vie plus angélique, ni de mort plus sainte et plus merveilleuse que la sienne. Elle n'avait pas dix ans, quand elle revêtit l'habit de saint Dominique, et mourut de bonheur le jour où elle reçut pour la première fois la sainte Eucharistie.

Nous pourrions citer des centaines d'autres mystiques également admirables et vénérables. Contentons-nous de mentionner la communauté d'Unterlinden, à Colmar, où, pendant plus d'un siècle, l'extase et la vision étaient chose commune et quotidienne, et qui ressemblait plus au ciel qu'à la terre.

Nous renvoyons nos lecteurs qui seraient tentés de nous taxer d'exagération, ou qui désirent plus de détails sur ce couvent unique peut-être dans l'Église, au bel ouvrage de M. de Bussière sur ce sujet (1).

La vie spirituelle et mystique de l'Ordre ne s'est pas concentrée dans les couvents. Les Prêcheurs ont travaillé à faire connaître et aimer la piété qui faisait leurs délices. Un grand nombre de dévotions sont nées sous leur souffle créateur ; d'autres ont reçu d'eux un nouvel épanouissement.

C'est l'ordre de Saint-Dominique dont Marie s'est servie pour fonder et propager le Rosaire, devenu, grâce à cet Ordre, la plus populaire de toutes les dévotions.

Après avoir pris une large part à l'établissement de la Fête-Dieu, c'est encore l'Ordre des Frères Prêcheurs qui a été le promoteur de la première confrérie du Saint Sacrement. Nous revendiquons aussi l'office dû à saint Thomas, et l'initiative des processions et autres honneurs rendus à la sainte Eucharistie.

Ce sont les Frères Prêcheurs qui chargés, par les Pères du Concile de Lyon en 1374, de prêcher contre les blasphémateurs, créèrent la première confrérie du Saint Nom de Dieu et de Jésus, en vue d'honorer le nom mille fois béni de Notre-Seigneur.

(1) *Fleurs dominicaines ou les mystiques d'Unterlinden à Colmar.* Paris, Poussielgue, 1864.

Tout le monde connaît le Rosaire perpétuel. Ce fut un fils de saint Dominique qui, il y a deux siècles, eut la pensée de rendre à la Très Sainte Vierge Marie un perpétuel hommage par la récitation non interrompue du chapelet. Depuis ce jour, que d'*Ave Maria* sont montés vers le Ciel ! Quelle joie pour les anges et pour leur Reine Immaculée ! Mais aussi quelle joie pour l'Ordre d'avoir inauguré cette pratique à l'imitation de laquelle s'est établie l'adoration perpétuelle du Saint Sacrement.

C'est le Bienheureux Alvarez de Cordoue qui, à son retour de Terre Sainte, fit représenter, le premier, les stations de la voie douloureuse, qu'il parcourait chaque fois en versant des larmes. Pieux exercice, qui engendra la dévotion si populaire du Chemin de la Croix.

Benoît XIV affirme que c'est un religieux de notre Ordre, le père Isolano qui contribua surtout à étendre la dévotion de saint Joseph dans l'Eglise universelle. La première confrérie établie en l'honneur du Saint fut érigée dans un de nos couvents. Le nom de saint Joseph était déjà dans nos litanies et sa fête se célébrait avec une solennité exceptionnelle dans nos églises, quand les Souverains Pontifes étendirent les mêmes rites à l'Eglise universelle.

La Milice angélique, née à Louvain en 1649, consiste à porter sur soi un cordon semblable à celui dont les anges ont entouré les reins de saint Thomas d'Aquin. Cette dévotion s'adresse surtout à la jeunesse, et saint Louis de Gonzague lui attribuait la conservation de sa virginité.

Il ne nous serait pas difficile de montrer la large part de l'Ordre à l'extension de toutes les dévotions qui se sont successivement établies ou développées dans le monde. Notons seulement celle du Sacré-Cœur de Jésus, de l'Immaculée Conception, de N.-D. des Sept Douleurs, et aux âmes du purgatoire, etc.

Nous en avons dit assez pour prouver que l'étude, la prédication, la culture des sciences et des arts, n'ont pas altéré l'esprit de piété, et que plusieurs des dévotions les plus populaires ont pris naissance à l'ombre des cloîtres dominicains.

CHAPITRE V

Part de l'Ordre dans l'administration de l'Eglise et de la société.

Les Frères Prêcheurs n'ont pas seulement éclairé les âmes et défendu la vérité par leurs apôtres, leurs docteurs et leurs contemplatifs, mais ils ont depuis six siècles une large part dans l'administration de l'Eglise.

Le monde a vu quatre des leurs monter sur la chaire de saint Pierre.

« C'est comme si Dieu, dit un écrivain, avait voulu accumuler dans une même famille toutes les illustrations. On a vu tous les insignes des grandes dignités sur l'humble habit des Dominicains avec un éclat qui resplendit dans leur histoire depuis six siècles. »

Le premier enfant de saint Dominique appelé par le vote unanime du Sacré Collège à ceindre la tiare, fut Pierre de Tarentaise qui prit le nom d'Innocent V (1276). Son règne ne dura que cinq mois et laissa cependant des traces profondes de son passage. On doit à ce pontife la réunion de l'Eglise grecque à l'Eglise latine au concile de Lyon, et il fit d'heureux efforts pour réconcilier les Guelfes et les Gibelins, dont les luttes ensanglantaient l'Italie depuis tant d'années.

Le deuxième pape donné par l'Ordre à l'Eglise fut Nicolas Boccasino, élu à l'unanimité en 1303. Il prit le nom de Benoît XI, et l'Eglise l'a placé sur les autels. Il mourut au bout d'un an de règne, laissant le double exemple d'une invicible énergie dans la lutte et d'une sage modération dans l'exercice de la toute-puissance spirituelle.

Le grand pape dominicain, c'est saint Pie V. Grand non seulement par l'héroïsme de ses vertus, mais par les œuvres qu'il entreprit pendant son glorieux pontificat. Tous les pays ressentirent les effets de sa paternelle sollicitude ; contre le protestantisme qui envahissait l'Europe ; contre les Turcs qui menaçaient encore une fois de mettre l'Occident à feu et à sang ; contre le relâchement des mœurs dont il poursuivit la réforme avec une inflexible rigidité. Il travailla à la rénovation des arts, à la réforme ecclésiastique, et à l'établissement de l'unité liturgique. En un mot, rien n'échappa à sa vigilance et on a pu justement l'appeler le plus grand pape qui eût paru dans l'Eglise depuis Innocent III.

Benoît XIII fut le dernier Dominicain qui ceignit la tiare. Sa politique fut toute de douceur et de conciliation. Il mit fin aux interminables querelles de l'empereur avec les ducs de Savoie. Quoique né d'une famille illustre, sa vie privée fut un modèle de simplicité chrétienne.

Le Sacré Collège est appelé à aider de ses conseils le Souverain Pontife, et partage avec lui, dans les congrégations romaines, l'administration de l'Eglise universelle. Le premier Frère-Prêcheur revêtu de la pourpre fut le cardinal Hugues de Saint-Cher, en 1243. Depuis lors, l'Ordre a toujours été représenté par un ou plusieurs de ses membres, dans le Sacré Collège, qui a compté en ses annales 85 cardinaux dominicains. Bien plus considérable a été le nombre des patriarches, archevêques et évêques issus de notre Ordre. Il est certain qu'il y en a eu plus de 3.000. Plusieurs de ces prélats ont joué dans l'Eglise un rôle important. Pour n'en citer qu'un, saint Antonin, archevêque de Florence, n'est-il pas le type du zèle, de la sainteté du prélat ?

Ces humbles religieux, loin de briguer les dignités, les regardaient comme de véritables fardeaux, dont certains d'entre eux, le B. Albert-le-Grand et le vénérable Barthélemy des Martyrs, par exemple, se déchargeaient dès qu'il leur était permis de le faire.

Combien de légats ont été pris dans le cloître domicain pour aller, souvent au péril de leur vie, traiter au nom du Saint-Siège les affaires les plus délicates ! Qui ne se souvient de sainte Catherine de Sienne, la Jeanne d'Arc de la papauté ? Nous voyons avec satisfaction cette humble tertiaire, envoyée comme légat et ambassadeur, ramener dans l'obéissance du Saint-Siège des villes et des provinces révoltées et, qui plus est, aller prendre les papes à Avignon pour les ramener à Rome, et mettre ainsi fin au schisme d'Occident.

Aussi Pie IX a-t-il déclaré sainte Catherine de Sienne patronne de Rome. Son confesseur, le bienheureux Raymond de Capoue, était appelé par le pape Urbain VI, qui ne cessait de l'utiliser comme légat, « sa langue, sa main et son cœur ».

Quatre-vingts Frères Prêcheurs ont été envoyés à diverses cours comme nonces et vingt-cinq comme légats a latere.

A côté de cette part brillante prise à l'administration de l'Eglise, il en est une autre, moins éclatante bien que féconde, celle qui se rattache aux charges confiées par le Saint-Siège aux Frères Prêcheurs. Et d'abord celle de Maître du Sacré Palais, ou de théologien du Pape, fut confiée à saint Dominique, ou plutôt créée pour lui par le pape Honorius III, et transmise par lui à ses enfants. Il est facile de comprendre l'importance de cette charge quand on songe que les événements politiques eux-mêmes se réduisent souvent, pour l'Église, à des questions canoniques ou à des cas de conscience.

Le théologien du Pape a été et est encore le confident de sa pensée et l'arbitre des grandes questions qui agitent la chrétienté. Ce n'est pas un mince honneur pour les Frères Prêcheurs d'avoir été jugés dignes durant six siècles d'occuper cette charge, une des plus importantes de la cour pontificale.

Une autre dignité, dont est toujours revêtu un Dominicain, est celle de secrétaire de la Congrégation de l'Index. Cette congrégation, constituée par Pie V, a reçu la délicate et grave mission de signaler les livres suspects d'erreur contre la foi ou contre les mœurs, quel que soit leur auteur. Comme cette congrégation est appelée à examiner les livres qui traitent de toutes les matières, et en toutes les langues, les Souverains Pontifes ont cru qu'aucun Ordre ne pourrait mieux en être l'âme dans la personne de son secrétaire.

Le Saint Office ou l'Inquisition romaine est en grande partie confiée à l'Ordre de saint Dominique. Le Pape est lui-même le Préfet de cette Congrégation ; mais c'est toujours un Dominicain qui en est commissaire général, avec deux ou plusieurs secrétaires de son Ordre.

Peut-être serait-ce ici le lieu de parler de l'Inquisition sur laquelle on a tant écrit et narré tant d'horribles choses. Nous ne le croyons pas bien utile, et nous nous contenterons de deux mots à ce sujet.

Nous ne contestons pas que l'Inquisition ait commis des excès, mais il faut tenir compte des mœurs et des idées d'alors, idées et mœurs barbares si l'on veut ; et d'ailleurs les excès sont-ils imputables à l'Eglise et à l'Ordre ?

Une distinction mille fois répétée et que les ennemis de l'Eglise méconnaissent toujours, c'est qu'il y a eu inquisition et inquisition. L'Inquisition romaine, de l'avis de tous, est un tribunal religieux qui existe encore de nos jours en conservant son caractère primitif... Eh bien ! quel est celui qui de nos jours songe à médire de ce tribunal dans les décisions duquel l'ordre de Saint-Dominique se glorifie d'avoir une si large part ?

L'Eglise a le droit d'user de légitime défense contre ceux qui veulent l'attaquer dans ce qu'elle a de plus précieux : le trésor de sa foi ; et c'est ce droit qui explique l'existence de l'Inquisition romaine.

L'Inquisition espagnole eut un caractère essentiellement différent ; c'était avant tout une institution politique, une arme du pouvoir séculier et celui-ci en usa souvent comme d'un instrument pour servir ses haines et ses vengeances. Mais n'oublions jamais qu'il ne faut pas juger l'Inquisition espagnole avec les idées du XIXe siècle, que les idées du moyen âge diffèrent singulièrement de nos idées modernes, et que depuis notre civilisation répudie des théories et des pratiques qui autrefois ne soulevaient le blâme de personne.

Nous admettons sans peine les excès de l'Inquisition espagnole, excès que l'on a beaucoup exagérés, à dessein, mais nous pensons que les mœurs de l'époque en excusent beaucoup, et surtout, nous affirmons que l'Eglise n'est en rien responsable de ces excès. Elle les a blâmés et non autorisés : plus d'un Pape a élevé la voix pour excommunier les inquisiteurs. Le fait suivant est des plus significatifs.

Les rois d'Espagne firent incarcérer et retenir pendant huit ans dans les prisons de l'Inquisition le cardinal archevêque de Tolède, Barthélemy de Caranza. Ce prélat, une des gloires de l'Ordre de Saint-Dominique par sa science et sa piété, ne fut relâché que sur les instances les plus vives du Concile de Trente, qui réclamait sa présence.

Il fallut que le pape Pie IV joignît les menaces à ses prières, et ce ne fut qu'en présence de l'excommunication que le roi d'Espagne fit mettre le cardinal en liberté.

Ce ne fut pas seulement à Trente que l'Ordre rendit à l'Eglise d'autres importants services. Quatre conciles généraux furent présidés par des religieux dominicains et tous furent éclairés par leur expérience et leur doctrine.

L'Ordre était fondé depuis peu d'années quand nous le trouvons représenté au Concile de Lyon, par trois cardinaux, trente-trois évêques et un grand nombre de docteurs. Parmi eux se trouvaient le Bienheureux Albert-le-Grand, le Bienheureux Barthélemy de Bragance, le Bienheureux Pierre de Tarentaise, devenu pape sous le nom d'Innocent V ; saint Thomas qui se rendait à l'Assemblée de Lyon, fut arrêté par la mort à Fosse-Neuve. C'est ce concile qui confia aux Dominicains la propagation de la dévotion au Saint Nom de Jésus et l'érection de cette confrérie dans l'univers entier. Le pape Grégoire X, au moment de partir pour présider lui-même l'auguste réunion, chargea le dominicain Allobrandini, évêque d'Orvieto, de le remplacer à Rome avec des pouvoirs très étendus.

Il nous serait aisé de montrer l'action exercée par les Frères Prêcheurs dans toutes les grandes assises de l'Eglise catholique, depuis le XIIIe siècle jusqu'à nos jours. Contentons-nous de rappeler le concile de Trente et celui du Vatican.

A Trente, l'Ordre comptait 54 de ses membres, sur 145 réguliers qui de tous les Ordres prirent part aux travaux du Concile. L'un des plus célèbres fut le vénérable Barthélemy des Martyrs, que les Pères appelaient le premier évêque de la chrétienté, et dont l'influence fut si grande que presque toutes ses propositions devinrent des lois de l'Eglise. C'est à l'Ordre des Dominicains que fut confiée la mission de composer le catalogue des livres à l'index, de rédiger les actes et les canons conciliaires. Trois d'entre eux furent désignés pour écrire le catéchisme qui, de l'avis de tous, est un véritable chef-d'œuvre.

On sait l'estime de l'auguste assemblée pour saint Thomas d'Aquin dont la Somme fut placée sur l'autel à côté de la Bible. On dit même que dans une séance solennelle, au moment de procéder au vote d'un canon important, sur la remarque d'un religieux dominicain, les Pères suspendirent leur décision pour s'assurer qu'elle était conforme à la doctrine de saint Thomas.

Quoique l'Ordre ait traversé bien des épreuves, que l'hérésie et la Révolution lui aient enlevé bien des couvents, il a pu, au concile du Vatican, comme à celui de Trente, briller avec éclat.

De tous les Ordres, c'est celui de Saint-Dominique qui a compté le plus grand nombre d'évêques parmi les Pères du concile. Cinq évêques dominicains ont fait partie des commissions du concile, et à leur tête se place Mgr Garcia Gil, créé cardinal peu après. C'est le premier nom qui soit sorti de l'urne, pour la commission *de fide*, dont il fut une des lumières. On disait de lui au concile : c'est saint Thomas qui parle (1).

Les Frères Prêcheurs, en raison même de leur vocation à l'apostolat, furent en contact avec ce que la société comptait de plus grand et de plus élevé.

Leur science, leur vertu, leur dévouement eurent un merveilleux ascendant sur leurs contemporains. Conseillers des rois, ils contribuèrent puissamment à donner au XIIIe siècle cette empreinte chrétienne, qui le distingue dans l'histoire.

(1) Il y a eu au Concile du Vatican 2 cardinaux, 25 évêques de l'Ordre, sans parler d'un grand nombre de théologiens.

Où trouver des modèles plus parfaits de la royauté chrétienne que saint Louis, roi de France, saint Ferdinand, roi de Castille, et Jacques, roi d'Aragon ? Or, ces souverains eurent pour confesseurs des religieux dominicains. Le Bienheureux Barthélemy de Bragance et Geoffroi de Beaulieu furent les confesseurs de saint Louis, et la plupart de ses successeurs s'adressaient à des Dominicains pour la direction de leur conscience. Le seul couvent de Saint-Jacques, à Paris, a donné successivement 18 confesseurs aux rois de France. Saint Ferdinand avait pour directeur le bienheureux Pierre Gonzalès et saint Raymond de Pennafort. Ce dernier fut tour à tour confesseur des rois d'Espagne et d'Aragon.

Les ducs de Bourgogne eurent toujours des Dominicains pour confesseurs. On rapporte que pendant le gouvernement de Jean le Teutonique, général de l'Ordre, les rois de France, d'Angleterre, de Castille, d'Aragon, de Portugal et de Hongrie choisirent invariablement leurs confesseurs dans les rangs des Frères Prêcheurs. Ce fait dispense d'en citer d'autres. Un Ordre qui est arrivé à mériter, de la sorte, la confiance d'un si grand nombre de souverains, exerce nécessairement sur la destinée des peuples une influence d'autant plus grande que, dans les siècles de foi, le confesseur était vraiment le roi des consciences souveraines.

Un autre service rendu à l'Eglise, c'est l'heureuse influence exercée sur la fondation de la plupart des Ordres religieux depuis le XIIIe siècle.

Le cardinal Hugues de Saint-Cher fut chargé par Innocent IV de donner à l'Ordre du Carmel une règle reconnue par l'Eglise. Lorsque sainte Thérèse voulut réformer le Carmel, elle eut recours aux Dominicains, « auxquels, disait-elle souvent, je dois, sinon le tout, du moins en grande partie ma réforme faite selon la règle primitive qui nous a été donnée par le cardinal Hugues de Saint-Cher et confirmée par Innocent V. » Elle eut, en effet, quatorze confesseurs dominicains entre autres le Père Ybanès, le Père Garcia, le Père Vinc. Baron. Saint Louis Bertrand, consulté par elle, l'encouragea et lui prédit que sa réforme se maintiendrait. Saint Dominique lui-même lui apparut pour la fortifier dans son dessein. Aussi disait-elle souvent : « Je suis Dominicaine de cœur. »

Saint Raymond de Pennafort, troisième général de l'Ordre, prit une large part à la fondation de l'Ordre de la Merci. La Très Sainte Vierge lui apparut pour lui ordonner d'instituer un Ordre pour le rachat des captifs. La même nuit, elle se montra au roi d'Aragon et à saint Pierre Nolasque qui devait être le premier général du nouvel Ordre.

C'est saint Raymond de Pennafort qui donna l'habit de la Merci aux premiers religieux et rédigea leurs règles et constitutions.

Les Servites considèrent saint Pierre martyr comme leur second fondateur. Plusieurs écrivains affirment que l'illustre martyr eut le premier la pensée d'ériger en Ordre religieux cette pieuse association : plusieurs fois, il en vit les saints fondateurs sous la forme symbolique de lys cueillis par les anges qui les présentaient à la Très Sainte Vierge. Chargé par Innocent VI d'examiner leur règle et leur esprit, il obtint du Souverain Pontife leur solennelle approbation.

A ces Ordres joignons la Congrégation des Barnabites dont la règle fut examinée par le P. Léonard de Marinis, nonce du Pape au concile de Trente, — l'Ordre de Grammont dont les constitutions furent revisées par le P. Bernard Geraldi en 1232.

Nous pourrions multiplier les exemples : qu'il nous suffise de rappeler, d'après le B. Sébastien Walfré, que les Dominicains ont prêté à la Compagnie de Jésus naissante le concours le plus dévoué et le plus efficace, et que le P. Maffei, dans l'histoire de la Compagnie de Jésus, remercie les Frères Prêcheurs de l'assistance aussi active qu'opportune donnée par eux au nouvel institut.

CHAPITRE VI

La sainteté dans l'Ordre de Saint-Dominique.

La vraie grandeur d'un ordre religieux c'est la sainteté de ses membres : aux fruits l'on connaît la valeur de l'arbre.

L'étude, l'enseignement, la prédication, l'art sous sous ses différentes formes, ont été des moyens employés par les Frères Prêcheurs pour arriver aux âmes ; mais ils n'ont jamais oublié qu'il leur était surtout recommandé de commencer par se sanctifier eux-mêmes, afin d'être aptes à sanctifier les autres. Produire des saints, les multiplier en chaque siècle, comme un arbre fécond qui fait tomber annuellement à ses pieds les fruits produits par la sève et mûris par le soleil, c'est un spectacle que les anges et les hommes ont pu contempler, depuis six siècles, avec ravissement. Dès sa fondation, disait Clément XIV, dans la bulle de canonisation de saint Pie V, cet Ordre glorieux fut comme un champ fertile, qui ne cessa de donner à l'Eglise des hommes éminents en doctrine et en sainteté.

Pie IX l'affirmait : « De la famille des Frères Prêcheurs, comme d'une mine pleine de richesses, ne cessent de sortir des hommes illustres par leur sainteté. Le Tout-Puissant a fait vraiment de grandes choses en faveur de cet Ordre et l'a enrichi de saints. »

« Ne me demandez pas, disait Clément X, combien de saints l'ordre de Saint-Dominique a donnés au Ciel, comptez si vous le pouvez les étoiles qui scintillent au firmament, et vous saurez le nombre des saints de la postérité de saint Dominique. »

Le ciel des Frères Prêcheurs est un firmament immense constellé d'astres sans nombre, d'apôtres, de docteurs, de vierges et de martyrs. Malheureusement la mémoire de beaucoup de ces saints personnages a péri sans retour. Nos devanciers ont été d'une modestie excessive. Saint François d'Assise, mort cinq ans après saint Dominique, ne tarda pas à être canonisé, et les Frères Mineurs remplirent avec un légitime et filial orgueil le monde du nom de leur saint fondateur. Les Dominicains, au contraire, éloignaient du tombeau de leur père les foules qui venaient l'honorer, et cachaient les miracles qui s'y opéraient. Il fallut que le pape Grégoire IX intervînt. Il adressa aux Dominicains de Bologne de sévères reproches sur leur négligence, leur lenteur à demander la canonisation de leur fondateur, et prit lui-même l'affaire en main. On peut dire de l'Ordre entier qu'il mérite dans une certaine mesure les reproches du Pontife au couvent de Bologne. Combien de ces religieux dont les vertus héroïques et les noms sont à jamais perdus !

Un historien du B. Albert-le-Grand, nous parlant des miracles opérés par cet illustre enfant de saint Dominique, affirme que, par la négligence des Frères, ses contemporains, à en écrire les actes, on en avait complètement perdu la mémoire. « Il est vrai, ajoute-t-il à leur décharge, que les religieux de son temps n'en tenaient guère compte par la raison que faire des miracles était chose commune parmi les Frères, et que dans un si grand nombre de saints personnages les miracles de tel ou de tel passaient inaperçus. »

Un religieux théatin, le Père Savonari, affirme que dans l'espace de vingt ans, trois mille Dominicains sont morts en odeur de sainteté, et le pape Clément X, en établissant une fête pour honorer tous les saints de l'Ordre, disait que si l'on devait assigner à chacun d'eux un jour spécial, il faudrait faire un nouveau calendrier. L'Ordre célèbre, en effet, l'office de plus de deux cents bienheureux et de saints, dont le culte est solennellement confirmé par l'Eglise

Au premier rang se place naturellement saint Dominique dont le pape Honorius III disait : « Je doute aussi peu de la sainteté de Dominique de Gusman que de celle de saint Pierre et de saint Paul. » Nous avons dit ses œuvres et ses vertus héroïques. Il avait en quelque sorte sucé la sainteté avec le lait, puisque sa mère a été officiellement proclamée Bienheureuse. L'Ordre célèbre sa fête l'avant-veille de celle de son fils.

Le 31 juillet, on fait l'office du frère aîné du saint

fondateur, le B. Mannès de Gusman. Peu de fondateurs d'Ordre ont leur mère et leur frère placés à côté d'eux sur les autels.

Parmi les premiers compagnons de Dominique nous trouvons deux saints et huit bienheureux dont le culte est approuvé par l'Eglise, sans parler de plusieurs autres dont la dévotion populaire et la tradition nous ont transmis le nom entouré de l'auréole des bienheureux.

La sainteté dominicaine offre une admirable variété ; on la retrouve partout, sous toutes les formes, non seulement dans la vie cachée du cloître, mais dans la vie publique de l'apôtre et du missionnaire, des évêques et des légats. La chaire de saint Pierre et les marches du trône l'ont vu s'épanouir avec la même grâce et le même parfum.

Nous l'avons vu, l'Ordre a eu quatre de ses fils honorés de la tiare, dont trois sont déjà placés sur les autels, et le quatrième (Benoît XIII) est vénérable.

Le collège des cardinaux célèbre chaque année la fête du B. Jean-Dominique, qui honora la pourpre romaine, non seulement par ses éclatants services, mais encore par sa science et surtout par ses vertus.

L'Ordre épiscopal cite avec orgueil saint Antonin, le modèle des évêques, qui reçut l'habit religieux des mains du B. Jean-Dominique et eut pour maître des novices le B. Laurent.

A ses côtés brillent les B. Albert-le-Grand et Jacques de Voragine, le vénérable Barthélemy des Martyrs et tant d'autres qu'il serait trop long de citer.

Après saint Thomas d'Aquin, le soleil de la théologie autour duquel gravitent tant de docteurs célèbres par leur sainteté autant que par leur science, sont inscrits dans le martyrologe de l'Ordre, le B. Henri Suzo, sainte Catherine de Sienne et bien d'autres.

Viennent ensuite les saints qui ont mérité, dans les labeurs de l'Apostolat, la gloire dont l'Eglise entoure leur mémoire. Nous avons parlé déjà si souvent de saint Dominique et de saint Raymond, car c'est le propre de nos saints d'avoir excellé en plusieurs choses, et nous n'y revenons pas.

Saint Hyacinthe, saint Vincent Ferrier sont de véritables modèles d'apostolat, à côté desquels se groupent saint Louis Bertrand, le B. Jourdain de Saxe, le B. Constant, le B. Pierre Gonzalès, le B. Ceslas, le B. Grignon de Montfort, etc., et une véritable légion de martyrs dont saint Pierre de Vérone est le chef. Nous y voyons briller le B. Sadoc et ses 48 compagnons, le B. Alphonse, le B. Louis Flores et leurs compagnons, saint Jean de Cologne, un des glorieux martyrs de Gorcum.

Les Frères convers eux-mêmes se sont élevés à la sainteté par l'accomplissement de leurs humbles fonctions : le B. Martin de Porrès, le B. Jean Massias, le B. Albert de Bergame, etc. Plusieurs artistes dominicains tels que le B. Abellon sont placés sur les autels.

La sainteté, on le voit, a pénétré partout dans le grand Ordre, et n'a laissé aucune catégorie sans patron spécial, comme elle n'a laissé aucun pays ni aucuue époque sans un modèle et un intercesseur particulier.

Le second et le Tiers-Ordre n'ont pas été moins heureux. « Qui n'a entendu parler, dit le Père Lacordaire, de sainte Catherine de Sienne, de sainte Rose de Lima, ces deux étoiles dominicaines qui ont éclairé deux mondes. »

Cinq filles de saint Dominique que l'Eglise a placées sur ses autels ont porté dans leur chair virginale les stigmates du Sauveur : Sainte Catherine de Sienne, sainte Catherine de Ricci, la B. Catherine de Racconigi, la B. Lucie de Narni et la B. Stéphanie de Quinzanis.

Non moins célèbres dans les fastes de l'Ordre, sainte Agnès de Mont-Policien, les B. Osanna, Marguerite de Castello, Jeanne, infante de Portugal, Marguerite de Savoie, Colombe de Rieti, Marie Mancini, Emilie, Imelda.

Tel est en raccourci le tableau de la sainteté dans l'Ordre de Saint-Dominique, depuis son origine jusqu'à nos jours, car bien des causes de canonisation et de béatification sont pendantes en cour de Rome.

Un dignitaire ecclésiastique fort au courant de ces questions nous a assuré qu'il y en a quatre-vingt-dix-sept actuellement à l'étude, notamment celle de la V. Adélaïde de Bourbon, de la maison royale de France, et la V. Benoîte du Laus.

Quelle magnifique couronne ces élus de Dieu ne forment-ils pas autour de saint Dominique, ou plutôt autour de la Très Sainte Vierge qui les tenait depuis longtemps cachés dans les plis de son manteau virginal! Suivant la vision du Bienheureux Patriarche, Marie a daigné prendre l'Ordre de saint Dominique tout particulièrement sous sa protection. Elle l'a appelé souvent son Ordre : « Entrez dans mon Ordre, » disait-elle au bienheureux Albert-le-Grand. Elle en a obtenu la fondation, a donné au Bienheureux Réginald le scapulaire blanc que portent les Dominicains, a révélé le Rosaire à saint Dominique et a veillé avec la plus tendre sollicitude sur le berceau de l'Ordre naissant. Un des premiers compagnons de Dominique, incertain sur les destinées de l'œuvre à laquelle il s'était dévoué, eut une vision dans laquelle une voix du Ciel lui dit : « Ne craignez rien, Notre-Dame a soin de vous. » Marie elle-même daigna dire à un autre religieux : « La famille dominicaine est ma famille, vous êtes tous mes enfants. » En reconnaissance de ces faveurs, les enfants de saint Dominique, à leur profession, promettent obéissance à la Très Sainte Vierge Marie, l'honorent par des jeûnes et des prières multipliées. Dans tous les couvents on termine chaque soir l'office par une procession en l'honneur de la Très Sainte Vierge et le chant solennel du *Salve Regina*. Si, après six siècles, le Rosaire est plus florissant que jamais, si tous les chrétiens vraiment dignes de ce nom honorent la Très Sainte Vierge en le récitant, si cette prière s'élève tous les jours depuis des siècles vers le trône de cette divine Mère, c'est à la piété et au zèle des Frères Prêcheurs qu'Elle doit tous ces hommages et tous ces honneurs.

Ce n'est donc pas sans raison que pendant longtemps le peuple les appela les fils de Marie.

Qu'on nous permette de résumer tout ceci dans une belle page de celui qui fut à la fois l'un des meilleurs historiens de saint Dominique et l'une des gloires de son Ordre au XIXe siècle, le Père Lacordaire.

« Un jour Dominique était en prières, il fut ravi jusqu'à Dieu. Il vit le Seigneur ayant à sa droite la bienheureuse Vierge, et il lui semblait que Notre-Dame était revêtue d'une chape couleur de saphir. En regardant autour de lui, il voyait devant Dieu des religieux de tous les Ordres, mais il n'en voyait aucun du sien. Il se prit donc à pleurer amèrement et il n'osait s'approcher du Seigneur, ni de sa Mère. Notre-Dame lui fit signe avec la main de venir. Mais il n'osa pas s'approcher jusqu'à ce que le Seigneur lui eût fait signe à son tour. Il vint alors toujours pleurant. Le Seigneur lui dit de se lever, et alors qu'il fut levé, lui demanda :

« Pourquoi pleures-tu si amèrement ? » Il répondit : « Je pleure parce que je vois ici des religieux de tous « les Ordres, et que je ne vois personne du mien. » Et le Seigneur lui dit : « Veux-tu voir ton Ordre ? » Il répondit en tremblant : « Oui, Seigneur. » Le Seigneur posa la main sur l'épaule de la Très Sainte Vierge et dit au bienheureux Dominique : « J'ai confié ton Ordre « à ma Mère. » Il dit ensuite : « Veux-tu absolument « voir ton Ordre ? » Il répondit : « Oui, Seigneur. » A ce moment la Bienheureuse Vierge ouvrit la chape dont elle paraissait revêtue, et l'étendant sous les yeux du bienheureux Dominique, il vit sous elle une multitude de ses frères. Le bienheureux Dominique se prosterna pour rendre grâces à Dieu et à la Bienheureuse Marie sa mère, et la vision disparut. »

TABLE DES MATIÈRES

326-05. — Imp. des Orph.-Appr., F. BLÉTIT, 40, rue La Fontaine, Paris.

www.ingramcontent.com/pod-product-compliance
Ingram Content Group UK Ltd.
Pitfield, Milton Keynes, MK11 3LW, UK
UKHW020957230726
13923UKWH00007B/1394

9 782019 231903